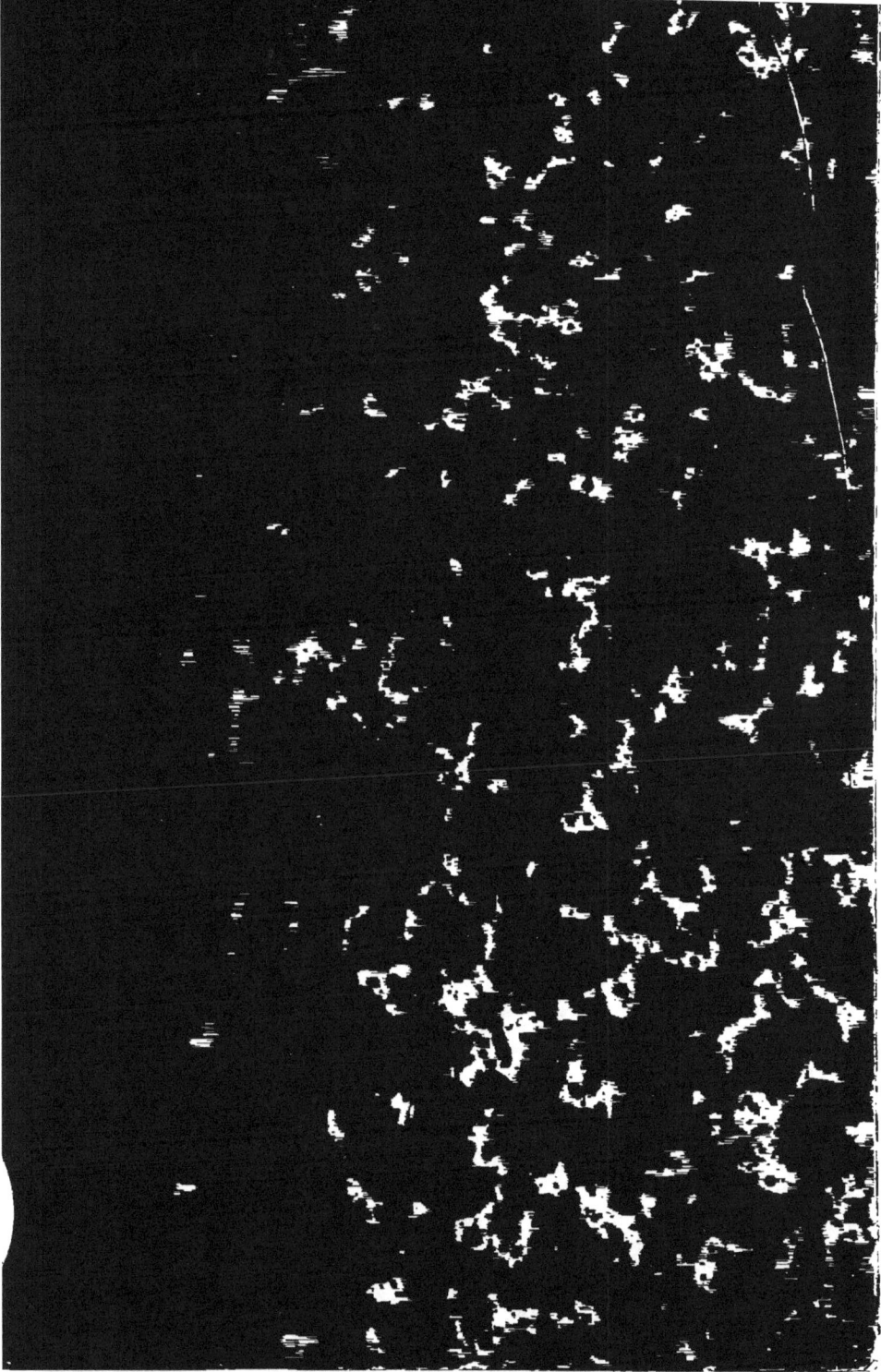

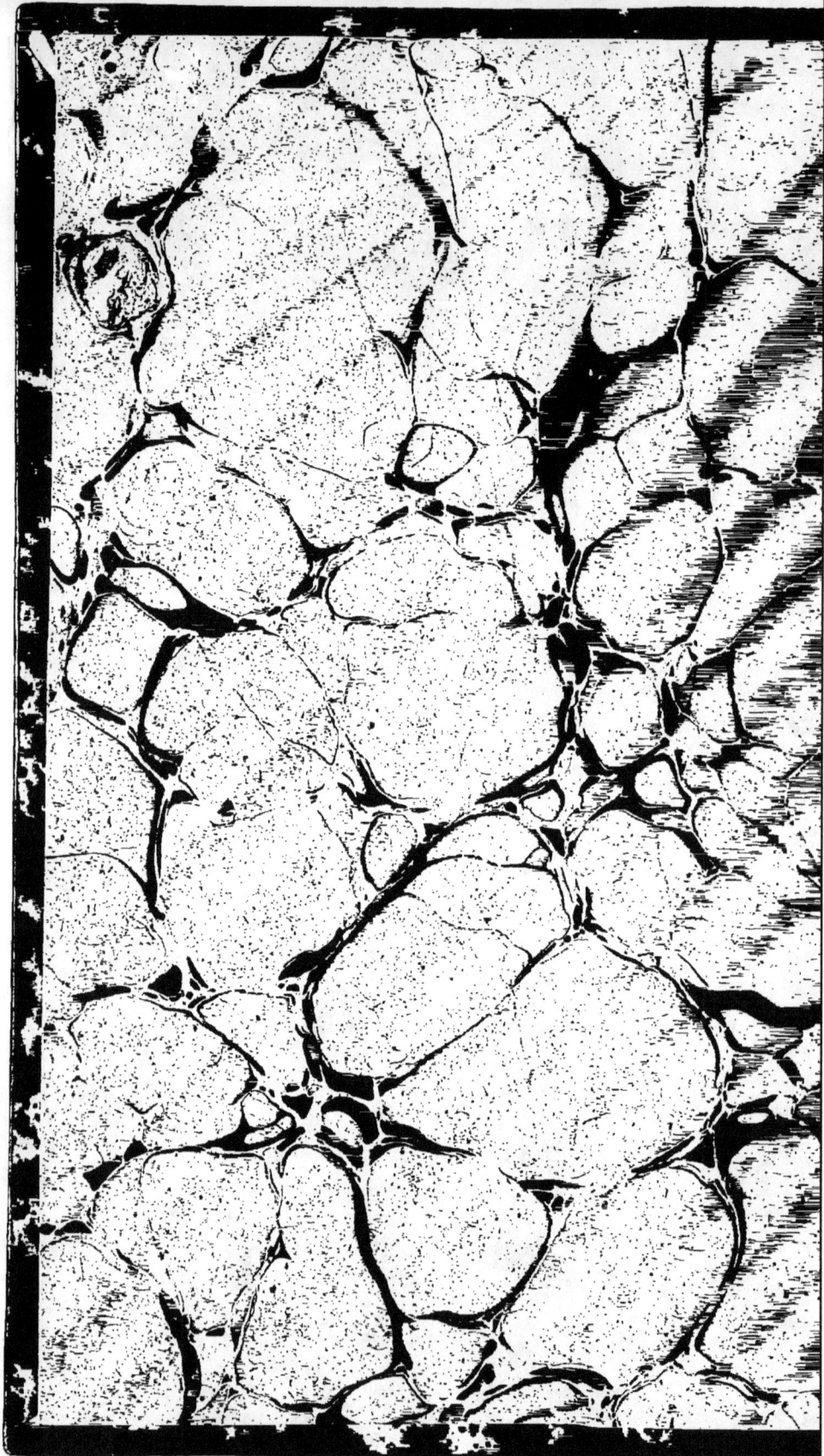

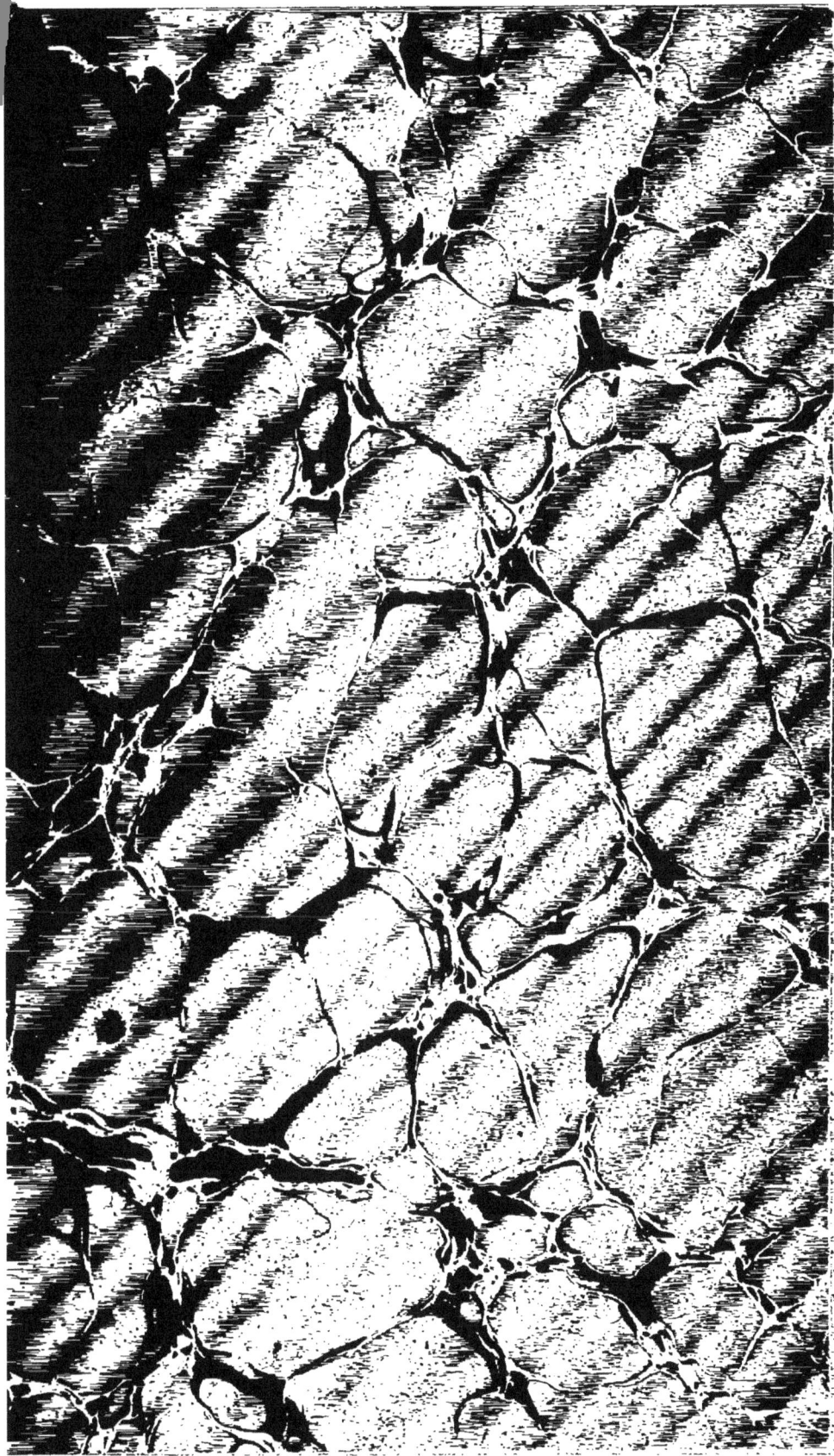

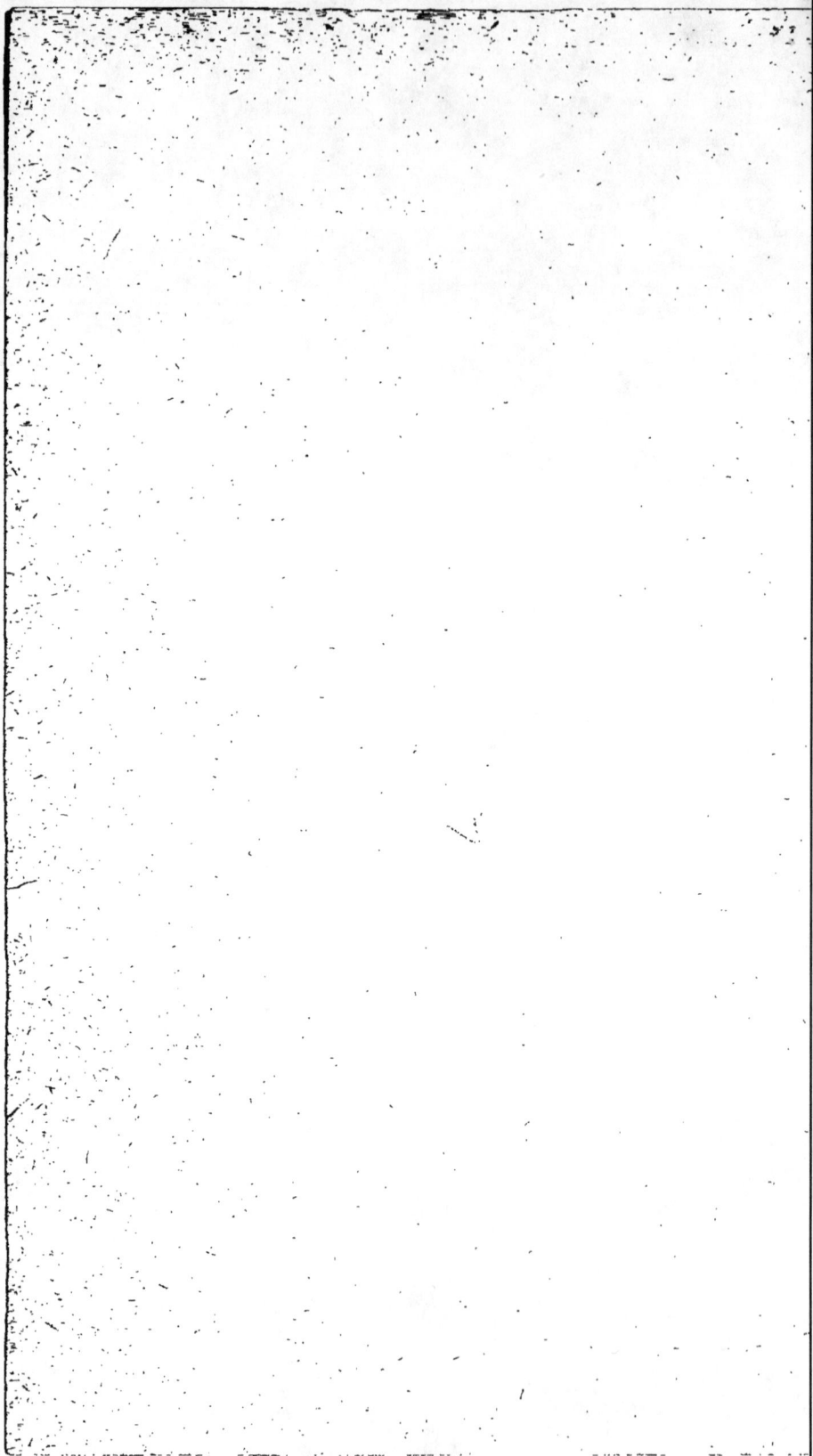

PARIS

SES CRIMES ET SES CHATIMENTS

TRIOMPHE DE L'ÉGLISE PAR LA FRANCE RÉGÉNÉRÉE

OUVRAGES DU R. P. HUGUET

— - -

BOURREAUX ET VICTIMES DE LA COMMUNE DE PARIS, *scènes de la Terreur en 1871.* 1 vol. in-12. . . . . 1 fr. 50

Cet ouvrage est le complément de *Paris, ses crimes et ses châtiments.* Il fait connaître les scélérats qui ont plongé la France dans le deuil et épouvanté l'Europe. On y trouve des notices pleines d'intérêt sur les victimes de la Révolution.

TERRIBLES CHATIMENTS DES RÉVOLUTIONNAIRES, depuis 1789 jusqu'en 1870. 1 vol. in-12 de 600 pages, 2ᵉ édit. augmentée, *franco.* 3 fr.

Voici, sur ce livre, le témoignage peu suspect d'un journal rouge : « Lorsque vous lisez cet ouvrage, pour peu que vous soyez infecté de libéralisme, dit le *Progrès de Lyon,* un léger frisson vous agite. Dès les premiers mots on est empoigné, et, bon gré, mal gré on dévore les 600 pages !

« Auprès de cet ouvrage, les *Odeurs de Paris* sont plus fades que le lait d'une blanche brebis auprès de la liqueur aimée des braves. La massue de Louis Veuillot n'est plus qu'un cure-dents... »

S. S. Pie IX a fait écrire à l'auteur une lettre motivée, pour le féliciter de cet ouvrage plein d'actualité dans les circonstances si graves où se trouve l'Église.

FAITS SURNATURELS DE LA VIE DE PIE IX, 1 vol. in-18 de 150 pages, 4ᵉ édit. *franco.* . . . . 50 c.

Cet opuscule contient les conversions et les guérisons *merveilleuses* opérées par l'auguste Pie IX, des prophéties touchant ce glorieux Pontife, dont plusieurs se sont déjà réalisées.

Cette nouvelle édition est augmentée d'un appendice plein d'intérêt, sur les années romaines de Saint-Pierre, accomplies par Pie IX seul depuis le prince des apôtres.

L'ART DE VOYAGER, au point de vue de l'utilité, de l'agrément, de l'économie, de la santé, de la législation, etc. Un beau volume in-12 de 400 pages, *franco* . . . . 2 fr.

Il n'existe aucun ouvrage, dans aucune langue, aussi complet sur ce sujet. On y trouve tous les renseignements utiles aux voyageurs. Un grand nombre de traits et d'anecdotes contemporaines donnent à ces pages un attrait tout particulier.

LYON. — IMPRIMERIE PITRAT AÎNÉ, RUE GENTIL, 4.

PARIS

SES CRIMES ET SES CHATIMENTS

TRIOMPHE DE L'ÉGLISE PAR LA FRANCE RÉGÉNÉRÉE

PAR

LE R. P. HUGUET

> Malheur à toi, grande ville. La place
> du crime est purgée par le feu.
> *(Prophétie d'Orval.)*

— ⊷━⊏⊐⊐⊐⊐⊏ —

LYON

LIBRAIRIE CATHOLIQUE DE L. GAUTHIER

26, RUE MERCIÈRE, 26

ET CHEZ LES PRINCIPAUX LIBRAIRES

—

1871

PRÉFACE

Les événements accomplis du mois de juillet 1870 au mois de juin 1871 sont les plus désastreux de notre histoire. La France a été châtiée et humiliée par la main de Dieu, afin de l'obliger à reprendre la mission que la Providence lui a confiée.

« Tout le progrès politique de la France, séparée du Christ par la doctrine de 89, aboutit à ce fœtus ridicule et épouvantable qui se nomme le Comité de salut public.

« La France avait eu des rois plus ou moins sévères : seule, parmi les peuples, elle n'avait pas enduré de tyrans : le Comité de salut public lui en fit connaître la race. Elle a permis, plus tard, que les sophistes lui en glorifiassent l'histoire, et ces derniers drôles sont venus. Les voici tribuns, empereurs, pontifes et dieux de l'orgueilleux Paris, merveille du monde. A l'avare Crésus on fit avaler de l'or fondu : Tu aimes l'or, bois-en! Tel est le sort de Paris : Tu aimes la révolution, désaltère-toi! » dit M. L. Veuillot.

Dans la situation où les événements nous ont mis, il est bon de relire et de méditer les sublimes considérations de Bossuet sur le gouvernement de la Providence. Il nous semble que ces paroles si hautes renferment la seule lumière qui puisse éclairer suffisamment les circonstances où se trouve aujourd'hui l'Europe :

« Ce long enchaînement des causes particulières qui font et défont les empires dépend des ordres secrets de la divine Providence. Dieu tient, du plus haut des cieux, les rênes de tous les royaumes ; il a tous les cœurs dans sa main : tantôt il retient les passions, tantôt il leur lâche la bride ; et par là il remue tout le genre humain.

« Veut-il faire des conquérants : il fait marcher l'épouvante devant eux, et il inspire à eux et à leurs soldats une hardiesse invincible. Veut-il faire des législateurs : il leur envoie son esprit de sagesse et de prévoyance ; il leur fait prévenir les maux qui menacent les États et poser les fondements de la tranquillité publique.

« Dieu connaît la sagesse humaine, toujours courte par quelque endroit ; il l'éclaire et étend ses vues, et puis il l'abandonne à ses ignorances ; il l'aveugle et la précipite, il la confond par elle-même ; elle s'enveloppe, elle s'embarrasse dans ses propres subtilités, et ses précautions lui sont un piége.

« Dieu exerce, par ce moyen, ses redoutables jugements, selon les règles de sa justice toujours infaillible. C'est lui qui prépare les effets dans les causes les plus éloignées et qui frappe ces grands coups dont le contre-coup porte si loin ; quand il veut lâcher le dernier et renverser les empires, tout est faible et irrégulier dans les conseils.

« Mais que les hommes ne s'y trompent point : Dieu redresse, quand il lui plaît, le sens égaré : et celui qui insultait à l'aveuglement des autres tombe lui-même dans des ténèbres plus épaisses, sans qu'il faille souvent autre chose, pour lui renverser le sens, que ses longues prospérités.

« C'est ainsi que Dieu règne sur tous les peuples. Ne parlons plus ni de hasard ni de fortune, ou parlons-en seulement comme d'un mot dont nous couvrons notre ignorance. Ce qui est hasard, à l'égard de nos conseils incertains, est un dessein concerté dans un conseil plus haut, c'est-à-dire dans ce conseil qui renferme toutes les causes et tous les effets dans un même ordre. De cette sorte, tout concourt à la même fin, et c'est faute d'entendre le tout que nous trouvons du hasard ou de l'irrégularité dans les rencontres particulières.

« Par là se vérifie ce que dit l'Apôtre : « Dieu est « heureux et le seul puissant, Roi des rois et Seigneur « des seigneurs. » Heureux, dont le repos est inaltérable, qui voit tout changer sans changer lui-même et qui fait tous les changements par un conseil immuable; qui donne et qui ôte la puissance, qui la transporte d'un homme à un autre, d'une maison à une autre, d'un peuple à un autre, pour montrer qu'ils ne l'ont tous que par emprunt et qu'il est le seul en qui elle réside naturellement.

« C'est pourquoi tous ceux qui gouvernent se sentent assujettis à une force majeure. Ils font plus ou moins qu'ils ne pensent, et leurs conseils n'ont jamais manqué d'avoir des effets imprévus. Ni ils ne sont maîtres des dispositions que les siècles passés ont mises dans les affaires, ni ils ne peuvent prévoir le cours que prendra l'avenir, loin qu'ils le puissent forcer. Celui-là seul tient tout en sa main qui sait le nom de ce qui est et de ce qui n'est pas encore, qui préside à tous les temps et prévient tous les conseils.

« En un mot, il n'y a point de puissance humaine qui ne serve malgré elle à d'autres desseins que les siens. Dieu seul sait tout réduire à sa volonté. C'est pourquoi tout est surprenant, à ne regarder que les causes particulières, et néanmoins tout s'avance avec une suite réglée.

« Pendant qu'on voit tomber les grands empires presque tous d'eux-mêmes, et qu'on voit la Religion se soutenir par sa propre force, on connnaît aisément quelle est la solide grandeur et où un homme sensé doit mettre son espérance. »

Dieu a permis tous les revers qui ont humilié la France, parce qu'il voulait la tirer de cette corruption où elle enfonçait de plus en plus [1].

Rappelons ici, soit pour prévenir le scandale des faibles, soit pour encourager les forts, au sujet des maux de notre patrie, ce que disait l'auteur inspiré du Livre des Macchabées, à l'occasion des revers et des désastres dont une guerre impie accablait depuis long-temps le peuple juif :

« Je conjure, dit-il, ceux qui liront cette histoire de ne point s'étonner et se scandaliser de nos revers et de nos malheurs, mais de considérer que c'est pour son amendement, et non pour sa ruine, que ces malheurs sont arrivés à notre nation. Que Dieu ne permette pas aux pécheurs de suivre toujours leur volonté perverse, mais qu'il ne tarde pas à les punir, c'est la marque d'une grande bonté. Ainsi en est-il pour nous. Quant aux autres nations, Dieu attend avec patience; il diffère leur

[1] Nous avons publié un autre volume, complément de celui-ci, sous le titre: *Bourreaux et victimes de la Commune en 1871*. Cet ouvrage se trouve à Paris, à la librairie Ruffet, et chez Gauthier rue Mercière, 26, à Lyon.

punition jusqu'à ce qu'elles aient comblé la mesure de
leurs iniquités, et ce n'est qu'au dernier jour qu'il fait
éclater sa justice. Pour nous, au contraire, il n'attend
pas, pour sévir, que nous ayons mis le comble à nos
péchés. Ainsi il ne retire jamais de nous sa miséricorde,
en châtiant son peuple par l'adversité, et il ne l'abandonne pas. »

Ces causes de notre décadence et de nos malheurs,
nous les avons indiquées dans ce volume. Que l'on ne se
fasse pas illusion : nous ne pouvons espérer un meilleur
avenir pour notre chère France, tant que les mêmes
désordres existeront.

Un des rédacteurs des *Débats*, de ce journal qui, le
lendemain de l'incendie de Paris, a recommencé à crier
contre le clergé et la sanctification du dimanche [1],
écrivait sa propre condamnation en publiant ces lignes
que nous reproduisons :

« Dans cette monstrueuse orgie, dit-il, il n'y a ni un
sentiment, ni une idée : on n'y trouve que l'instinct
fauve et sanguinaire et l'appétit carnassier. C'est la bête
qui s'est insurgée, qui a brisé sa cage et s'est jetée sur

---

[1] On lit dans *le prophète Jérémie* ces paroles qui semblent écrites pour
Paris : « Si vous n'écoutez pas l'ordre que je vous ai donné de sanctifier
le jour du repos ; si vous transgressez la défense que je vous ai faite de
travailler et de vous occuper de vos affaires temporelles le jour du repos, j'allumerai un feu qui dévorera vos maisons et ne s'éteindra plus. »
(*Jérémie*, XVII, 27.)
Pour ceux qui, comme nous, croient ce livre écrit sous l'inspiration
divine et savent que, tout en se servant des causes secondes, la Providence intervient dans tous les événements, grands et petits, nul doute
n'est possible sur l'existence des châtiments temporels infligés aux vio-
lations publiques de la loi de Dieu. Et puisque l'incendie est annoncé
comme une conséquence de la profanation du jour consacré au Seigneur,
nul doute que le pétrole et les fureurs révolutionnaires ne jouent ici
qu'un rôle secondaire.

tout sans savoir sur quoi. Elle a pu être châtiée avec
le fer rouge, mais corrigée, non.

« Il suffit de marcher dans nos rues en cendres, de
regarder dans le visage pervers et dans les yeux san-
guinaires de Paris pour y lire ceci : C'est à recommencer. On a pu le voir dimanche, quand toute la population
errait curieusement dans les grandes rues, et, hier,
quand elle regardait passer le convoi des prêtres massacrés. Combien de ceux qui ont brûlé Paris se promènent à travers leur œuvre, en tenant par la main leurs
enfants auxquels ils soufflent tout bas le mot de vengeance, auxquels ils font respirer l'odeur du soufre et
du sang qui les suivra partout et qu'ils reconnaîtront un
jour ! Regardez-les, ils n'ont qu'un seul sentiment, celui
de l'érostratisme ! L'immensité même de la destruction
fait leur orgueil ! »

M. Louis Veuillot dit la même chose, mais avec un
esprit chrétien :

« Déjà, à Paris, la vie circule bruyante et empressée.
Les lourdes charrettes ouvrières roulent sur le pavé
encore mal rétabli; les boutiques sont ouvertes; on
entend le marteau, on entend aussi le blasphème.

« La ville, bâtie le dimanche, se rebâtit le dimanche.
L'Église fait aujourd'hui des prières publiques pour la
France. Le public n'y sera point : les histrions ont
relevé leurs tréteaux.

« Veuille Dieu écouter les prières et fermer son
oreille au reste des voix de Babylone. *Non est sanata!*

« Dans le monde religieux, comme dans l'autre, rien
ne finit, et il semble que rien n'a été fait.

« Quelle longueur Dieu donne au combat des choses
humaines !

« Quelles épreuves à la patience et à la foi du juste !
Quels délais à l'erreur et au crime ! Quelle latitude à la
liberté !

« Mais il y a une différence : dans le monde politique,
les choses continuent et empirent ; dans le monde religieux, elles renaissent et s'améliorent. *Ecclesia inse-
nescibilis*, l'invieillissable Église ! A travers les déca-
dences inévitables de l'élément humain, qui entre pour
une si large part dans sa composition, l'Église, par un
effort constamment heureux, conserve et fortifie le
principe purement divin qui la sauve. A travers les
révolutions, la société politique, avec une obstination
vengeresse, s'accroche au principe purement humain
qui la perd.

« Il y a un an, le Concile du Vatican, en présence de
la sédition doctrinale, affirmait pour jamais l'autorité.
Aujourd'hui, en présence de la sédition politique, la
société, se trahissant elle-même, se prépare à affirmer
l'anarchie. Dans l'édifice religieux assailli par la révolte du seizième siècle, le Concile du Vatican rétablit
une pierre que le Concile de Trente avait cru devoir
laisser atteinte et ébranlée, ne croyant pas le moment
venu de la raffermir. Dans l'édifice social, plus qu'à
demi jeté par terre, l'Assemblée nationale non-seulement ne répare pas la brèche faite par la Commune,
mais l'élargit et la régularise. C'est un fait accompli.

« Et ainsi feront les gouvernements, d'accord avec la
société, jusqu'à ce qu'il n'y ait plus de mur.

« Alors viendra le fouet de César, qui sera sur le
mur, puisqu'il en faut un ; et l'Église se rajeunira dans
les catacombes. Elle y sèmera le blé sans lequel l'humanité, nourrie uniquement de sa propre chair, mour-
rait tout entière, empoisonnée. »

On le voit, pour nous tirer de l'abîme, il faut un miracle. Ce miracle, la prière l'obtiendra; l'Église triomphera, et Dieu accomplira de nouveau de grandes œuvres par la France régénérée: *Gesta Dei per Francos.*

« Quand Dieu, dit Bossuet, veut faire voir qu'un ouvrage est tout de sa main, il réduit tout à l'impuissance et au désespoir, puis il agit. »

Terminons par ces paroles de Sylvio Pellico qu'on dirait inspirées : « Aujourd'hui, comme au temps du déluge, les hommes sont en guerre avec Dieu. Le traité d'alliance paraît être sur le point de se signer. Cette fois le traité sera signifié à la terre, comme jadis, par la colombe de l'arche ; néanmoins l'oiseau divin portera dans son bec non plus une branche d'olivier, mais une fleur de lys. »

En la fête de saint Pierre, le 29 juin 1871

PARIS

SES CRIMES ET SES CHATIMENTS

TRIOMPHE DE L'ÉGLISE PAR LA FRANCE RÉGÉNÉRÉE

I

LA BABYLONE MODERNE

Il y a déjà longtemps que Paris est, par son influence désastreuse, une source de calamités, non-seulement pour la France, mais encore pour l'Europe et pour le monde entier. Les livres impies, les modes inconvenantes, les usages païens se répandent de Paris dans tout l'univers, comme les eaux fétides d'un grand égout collecteur, qui, grossies par des pluies trop abondantes, se précipitent à travers les plus belles campagnes où elles portent la corruption et la mort. Déjà Bossuet, de son temps, appelait Paris une nouvelle Babylone qui provo-

1

quait par ses désordres les châtiments les plus terribles du Ciel.

« Les amusements tiennent naturellement la plus
grande place dans la vie de Paris, puisque c'est là
surtout ce qu'on vient y chercher [1]. »

Le Juvénal chrétien de nos jours, M. Louis Veuillot a fait, dans *Les Odeurs de Paris*, un tableau
d'après nature qui ne laisse rien à désirer. Nous y
renvoyons le lecteur. Il n'entre pas dans notre plan
de énombrer et de décrire les maisons de jeu, les cafés
et autres lieux qui occupent la plus grande partie de
Paris [2]. Aussi on compte par milliers les malheureux
qui, chaque année, cédant au désespoir et n'ayant pas
la foi pour se consoler, se débarrassent de la vie,
devenue insupportable pour eux [3].

---

[1] *La Vie de Paris*, par E. Mornant.

[2] Les libres penseurs sont sans cesse à réclamer l'enseignement
obligatoire, comme un moyen de régénérer le peuple, mais il y a longtemps qu'on l'a dit, l'instruction sans religion est plus nuisible qu'utile.
D'après M. Adolphe Joanne, dans son *Dictionnaire des Communes*,
sur un nombre moyen de 100 accusés à Paris, 93 savent lire. — Dans
la Mayenne, sur 100 accusés, 49 savent lire.

[3] On a trouvé aux pieds d'un suicidé le blasphème que Voltaire avait
rimé :

> Quand on a tout perdu, quand on n'a plus d'espoir,
> La vie est un opprobre et la mort un devoir.

Pourquoi les suicides sont-ils communs aujourd'hui ?... C'est que la
jeunesse est bien vite dégoûtée de la vie pratique par la lecture des
romans ; et le malheureux Escousse a révélé dans un mot profond la
situation morale de l'impiété et le secret de tous les suicides, en disant
avant de se tuer : *Je n'ai pas assez d'air.*

Le nombre des suicides s'est élevé, en 1847, à 3,647 ; en 1848, à
3,301. (V. le compte rendu, pour ces deux années, par le Ministre de la
justice.)

Un ancien élève de l'École normale, officier de l'Université, a publié, à Sens, en 1836, sous le nom du *Voyant*, un remarquable travail sur l'Apocalypse.

Après avoir fait, d'après l'Apocalypse, le tableau des àges de l'Église, où figure la révolution de 1791, l'auteur, prévoyant une objection, s'exprime en ces termes :

On dira peut-être : Que fait la France seule dans ce tableau ? Est-ce que la France est tout l'univers catholique ? Nous répondrons d'abord : Vous pouvez très-bien ajouter toutes les révolutions à la nôtre ; elles sont sœurs, et toutes filles de l'orgueil. Et en second lieu : la France est la nation la plus avancée dans la civilisation. Hélas ! hélas ! elle ne l'est que trop ; elle en est corrompue jusque dans la moelle des os. Loin de lui dire, comme tant d'aveugles et tant d'imprudents : Marche, marche, je lui dirais plutôt : Rebrousse bien vite en arrière. Du moins, je voudrais pouvoir l'arrêter dans son mouvement et la fixer avec le temps, dans l'immobilité, *tant j'aperçois*, un peu plus loin, *d'abîmes et de douleurs.*

Plus loin, l'auteur rapporte le dix-huitième chapitre du livre prophétique, qui expose la condamnation et la ruine de Babylone. Avant de faire connaître les réflexions qu'il y ajoute, citons le texte prophétique.

C'est plus que jamais le moment de le lire et de le méditer. Nous nous servons de la belle traduction de Bossuet :

Alors il vint un des sept anges qui portaient les sept coupes ; il me parla et me dit : Viens, je te montrerai la condamnation de la grande prostituée avec laquelle les rois de la terre se sont corrompus, et les habitants de la terre

se sont enivrés du vin de sa prostitution. — Elle tient dans
sa main un vase d'or plein de l'abomination et de l'impu-
reté de sa fornication [1].

Et ce nom était écrit sur son front : MYSTÈRE [2].

Après cela, je vis un autre ange qui descendait du Ciel,
ayant une grande puissance ; et la terre fut éclairée de sa
gloire. Il cria de toute sa force, en disant : Elle est tombée,
elle est tombée la grande Babylone ; elle est devenue la demeure de ces démons et la retraite de tout esprit impur et
de tout oiseau impur et qui donne de l'horreur.

Parce que toutes les nations ont bu du vin de la colère de
sa prostitution ; et les rois de la terre se sont corrompus
avec elle ; et les marchands de la terre se sont enrichis de
l'excès de son luxe.

J'entendis une autre voix du Ciel qui dit : Sortez de Babylone, mon peuple, de peur que vous n'ayez part à ses
péchés et que vous ne soyez enveloppé dans ses plaies.

Parce que ses péchés sont montés jusqu'au ciel, et Dieu
s'est ressouvenu de ses iniquités.

Rendez-lui comme elle vous a rendu, rendez lui au double
selon ses œuvres ; faites-la boire deux fois autant dans le
même calice où elle vous a donné à boire.

Multipliez ses tourments et ses douleurs à proportion de
ce qu'elle s'est élevée dans son orgueil, et de ce qu'elle s'est
plongée dans les délices, car elle dit dans son cœur :

Je suis reine, je ne suis point veuve, et je ne serai point
dans le deuil.

C'est pourquoi ses plaies, la mort, le deuil et la famine

---

1 « Ce vase d'or, dit Bossuet, rappelle ce mot de Jérémie : « Babylone
« est une coupe d'or qui enivre toute la terre : toutes les nations ont bu
« de son vin, c'est pourquoi elles se sont enivrées. » Par ce vin de Babylone, il faut entendre les erreurs et les vices dont la grande Babylone
d'abord, puis Rome païenne, et maintenant Paris, ont empoisonné toute
la terre. »

2 « Comme si le prophète disait, ajoute Bossuet : C'est ici un personnage mystique : sous le nom de la prostituée, c'est Babylone, et sous
le nom de Babylone, c'est Rome païenne ; et tous les modernes commentateurs ont ajouté : C'est Paris. »

viendront en un même jour, et elle sera brûlée par le feu, parce que c'est un Dieu puissant qui la jugera.

Les rois de la terre, qui se sont corrompus avec elle et qui ont vécu avec elle dans les délices, pleureront sur elle et se frapperont la poitrine en voyant la fumée de son embrasement[1].

Et les marchands de la terre pleureront et gémiront sur elle, parce qu'aucun de ses habitants n'achètera plus leurs marchandises.

Toute délicatesse et toute magnificence sont perdues pour toi et on ne les retrouvera plus jamais.

Ceux qui lui vendaient ces marchandises et qui s'en sont enrichis s'éloigneront d'elle dans la crainte de ses tourments ; ils en pleureront et ils en gémiront.

Ils diront : Malheur ! malheur ! cette grande ville, qui était vêtue de fin lin, de pourpre et d'écarlate, parée d'or, de pierreries, de perles, a perdu en un moment ses grandes richesses !

Et ceux qui passaient au loin se sont écriés, en voyant le lieu de son embrasement, et ils ont dit : Quelle ville a jamais égalé cette grande ville ?

Ils se sont couvert la tête de poussière et ils ont jeté des cris, mêlés de larmes et de sanglots, en disant : Malheur ! malheur ! cette grande ville, qui a enrichi de son abondance tous ceux qui avaient des vaisseaux sur la mer, a été ruinée en un moment.

Ciel, réjouissez-vous sur elle, et vous, apôtres et prophètes, parce que Dieu vous a vengés d'elle !

Alors un ange fort leva en haut une pierre comme une grande meule et la jeta dans la mer en disant :

Babylone, cette grande ville, sera ainsi précipitée, et elle ne se trouvera plus.

Et la voix des joueurs de harpes, des musiciens, des joueurs de flûtes et de trompettes ne s'entendra plus en toi ;

[1] A la dernière Exposition universelle de Paris, les rois et les princes allemands ont bu à longs traits à la coupe des plaisirs malsains ; on les a vu assister avec empressement aux pièces de théâtre les plus immorales.

nul artisan, nul métier ne se trouvera plus en toi, et le bruit de la meule ne s'y entendra plus.

Et la lumière des lampes ne luira plus en toi, et la voix de l'époux et de l'épouse ne s'y entendra plus, car tes marchands étaient des princes de la terre, et toutes les nations ont été séduites par tes enchantements. Et on a trouvé dans cette ville le sang des prophètes et des saints et de tous ceux qui ont été tués sur la terre.

M. de Maistre, dans ses notes des *Soirées de Saint-Pétersbourg*, cite un passage d'un commentaire de l'Apocalypse très-fameux en Allemagne, imprimé à Nuremberg en 1799. Voici le texte :

Le second ange qui crie : Babylone est tombée, est Jacob Bohme. Personne n'a prophétisé aussi clairement que lui sur ce qu'il appelle l'*Ère des lys* (LILIENZEIT). Tous les chapitres de son livre crient : Babylone est tombée! sa prostitution est tombée; le temps des lys est arrivé (Ch. XIV, p. 421.)

D'après cette prophétie, le triomphe du grand roi des lys ne tarderait pas à suivre la chute de Paris [1].

---

[1] Il y a deux manières d'interpréter ce que le prophète nous dit de la *grande prostituée* ou de la *ville du mal*. Faut-il entendre une destruction complète, de manière qu'il ne reste plus pierre sur pierre? Bossuet répond que Babylone elle-même, qui est choisie par le Saint-Esprit pour nous représenter la chute de Rome païenne (et la chute de Paris d'après les commentateurs modernes), aussi bien que leur impiété et leur orgueil, n'a pas d'abord subi cette destruction complète. Après sa prise et son pillage sous les Grecs, on la voit encore subsister jusqu'au temps d'Alexandre. Mais quelle différence avec ce qu'elle avait été auparavant! Il en a été ainsi de Rome. Ravagée par Alaric, elle ne périt pas tout entière; mais cependant quel sort déplorable, quelle chute! Saint Jérôme nous la représente comme étant devenue le sépulcre de ses enfants, comme réduite par la famine à des aliments abominables, et ravagée par la faim avant que de l'être par l'épée; de sorte

Voici maintenant les réflexions de notre moderne commentateur :

Quelle est cette Babylone réservée à un sort si funeste? Est-ce Rome? est-ce Londres? est-ce Constantinople? est-ce Paris? Je tremble de le dire ; mais, hélas! cette effrayante prédiction ne paraît guère pouvoir s'appliquer dans son en⁻ semble qu'à notre illustre capitale. Quelle ville peut dire comme elle: *Je suis reine?* Voyez comme le prophète appuie sur son luxe, sur ses richesses, sur ses plaisirs, sur ses délices et sur sa corruption! Rome déchue de sa grandeur terrestre peut-elle lui être comparée? Si c'est Paris, et Dieu veuille que je me trompe! répétons encore trois fois ces tristes paroles déjà trois fois répétées dans la prophétie de saint Jean : Malheur! malheur! malheur à cette brillante reine que toute l'Europe admirait! malheur à ceux de ses enfants que sa ruine envelopperait! malheur à nous tous qu'elle enrichissait de ses dons, qui comptons dans son sein des amis et des proches, dont la perte nous arracherait des larmes de sang, et qui ne pourrions voir dans cette horrible destruction qu'un avant-coureur trop certain de la dernière catastrophe.

Des signes! depuis cinquante ans ils ne nous ont pas manqué. Que signifient, en effet, ces crimes de notre pre⁻ mière révolution, ces moments de délire et de fureur incon⁻ nus aux nations les plus barbares ; ce massacre des gens de bien, cet assassinat juridique d'un roi ; ce règne de ter⁻ reur ; cette déesse Raison, sous l'image d'une prostituée, assise dans le temple de Dieu sur l'autel de la Vierge ; le saint sacrifice aboli, les sacrements interrompus; cet Être suprême décrété par le bon plaisir de Robespierre, dérision sacrilége aussi impie que l'athéisme même ? Que signifient

---

qu'il ne lui restait qu'un petit nombre de citoyens, et que les plus ri⁻ ches, réduits à la mendicité, ne trouvèrent de soulagement que bien loin de leur patrie, dans la charité de leurs frères. (Épit. XVI.)
Voyez *le Grand Pape* et *le Grand Roi.*

ces effrayants prodiges opérés sous Napoléon... ces guerres
sans exemple, ces victoires étonnantes et rap'des, suivies
bientôt de revers inouïs; ces hécatombes par milliers, et
cette ample moisson de la mort dans toutes les parties de
l'Europe? Que signifient ces comètes, ces éclipses, ces ta-
ches au soleil, maintenant si multipliées? Que signifient ces
nouveaux phénomènes et ces miracles particuliers dont
quelques fidèles s'effrayent, sans compter ces affreux orages,
ces inondations, ces horribles grêles (Apoc., xvi, 21); ces
tremblements de terre aujourd'hui si fréquents (Matth.,
xxiv, 7)? Que signifie cet étrange fléau, cette inexplicable
maladie qui déconcerte la science et se joue de tous ses
efforts, ce choléra, peste maligne et inévitable que nos pères
ne connaissaient pas (Ibid.)? Et ce dérangement presque
continuel des saisons, et ces variations dans le monde politique comme dans l'ordre physique et moral? Et ces attentats périodiques, ces émeutes incessantes, ces oppositions
acharnées; et cette division dans l'entendement des hommes
du pouvoir, et cette cruelle et longue agonie du pouvoir
lui-même; et ces vagues terreurs presque générales, et ces
bruits de guerres (Ibid., 6, 7), et ce refroidissement de la
charité (Ibid., 12), et cet accord presque unanime de tous
les bons esprits pour prédire un renouvellement prochain
de toutes choses ?...

Dira-t-on que ce ne sont pas là des signes d'une
grande catastrophe ?

Écoutez encore : Les révolutions presque continuelles,
par lesquelles nous avons passé depuis cinquante ans, ont
perverti notre goût comme nos mœurs, et nous ont accou-
tumés à désirer partout le merveilleux et l'extraordinaire
qu'ont présentés les événements modernes. Ce ne sont plus
de tranquilles émois, de naïves peintures : ce sont des débauches d'esprit, des agitations, des ébranlements que les
hommes d'à présent demandent... Nos historiens sont pour
la plupart fatalistes... Notre littérature et notre théâtre sont

devenus abominables ; la terreur, la pitié ne nous suffisent plus, c'est de l'horrible qu'il nous faut... *J'ai bien peur que, sous peu de temps, notre goût dépravé, notre corruption, notre insensibilité, notre athéisme ne soient punis par des drames d'un nouveau genre mille fois plus affreux encore que les drames si hideux qu'enfante* et que peut enfanter notre imagination en délire. *J'ai bien peur que nous ne voyions en réalité* ce que David n'a vu qu'en figure, « la mer s'enfuir et le Jourdain retourner en arrière, les montagnes sautant comme des béliers et les collines comme les agneaux des brebis, et la terre ébranlée en la présence du Seigneur, parce que les nations en sont venues à dire : *Où est leur Dieu ?* (Ps. cxiii.) Nous voulons d'effrayants spectacles, *nous en aurons,* nous n'en aurons que trop.

Il y aura bientôt quarante ans que ces paroles sont écrites, et ces effrayants spectacles, si clairement annoncés par le *Voyant,* sont sous nos yeux.

II

SUITES FUNESTES DE LA PROFANATION DU DIMANCHE

§ 1

Le jour du Seigneur devenu le jour du démon
à Paris

Paris livré aux francs-maçons, aux sectaires, vient d'épouvanter le monde par ses forfaits de tout genre.

Les misérables ont voulu dépasser tout ce que contiennent de plus abominable les annales du crime ; et ils y ont réussi. De tous ces romanciers, en quête de popularité malsaine, qui fatiguaient leurs imaginations délirantes à la recherche des plus noirs et des plus invraisemblables forfaits, aucun n'a osé rêver rien de semblable à l'affreuse réalité qui se révèle. Après avoir, pendant soixante-dix jours, tenu la ville de Paris courbée sous la terreur, après avoir pratiqué sur une effroyable échelle l'assassinat, le vol, le pillage et les violences de toutes sortes, ils ont couronné la longue série de leurs crimes par un acte inouï de sauvagerie barbare, par l'incendie des plus splendides monuments, des plus précieuses collections et d'un nombre incalculable de propriétés privées de la capitale.

Avant d'entrer dans le détail des sinistres qui ont éclaté dans tous les quartiers de Paris à la fois, examinons rapidement quelles sont les causes de tant de ruines et d'affreux désastres.

La première et la principale source des désordres et des calamités qui désolent les grandes villes vient, nous ne craignons pas de l'affirmer, de la profanation du dimanche.

Le comte de Montalembert, dans une séance mémorable de l'Assemblée nationale législative, le 10 décembre 1850, signalait cet abus avec une éloquence émue.

Le dimanche, disait-il, n'est plus pour le pauvre, pour l'ouvrier, qu'un jour de fatigue ou de désordre. Si, jusqu'à présent, le repos du dimanche est assez fidèlement observé dans une grande partie de nos campagnes, il est presque universellement violé dans les villes. Or une triste expérience nous apprend que les relations de plus en plus fréquentes des campagnes avec les villes donnent une impulsion chaque jour plus puissante aux mauvais exemples et aux mauvaises doctrines dont les villes sont le foyer.

On se plaint partout que le secret du commandement est perdu, que l'autorité n'existe plus, qu'elle a perdu toute force morale, toute sécurité, tout prestige ; et cette plainte universelle n'est que trop fondée. On se demande avec surprise et avec effroi d'où sortent ces masses d'hommes sans foi ni loi qui apparaissent aux jours des discordes sociales,

et, comme les hordes barbares d'il y a quinze siècles, menacent d'engloutir toute une civilisation.

On a raison de s'en alarmer, mais on n'a pas le droit de
s'en étonner. Elles sortent de ces abîmes où l'on a refoulé
les populations en les forçant de travailler le dimanche, en
les arrachant à tout ce que la religion avait si maternelle-
ment imaginé pour les instruire et les consoler en ce grand
jour, en permettant que le sceau de l'ignorance soit imprimé sur leurs âmes par la main d'une insatiable cupidité.
Elles sont affamées, parce qu'on les a privées de tout ali-
ment moral. Elles sont sans foi, parce que des hommes
riches et instruits ont travaillé pendant un siècle, avec une
infatigable persévérance, à extirper ce trésor de leur cœur.
Elles sont sans loi, parce que trop souvent, en violant eux-
mêmes la première des lois, leurs maîtres et leurs guides
leur ont appris à n'en respecter aucune. Il n'y a pas de société sans l'esprit de sacrifice et l'esprit d'autorité, et ces
deux esprits ne peuvent dériver que de la foi. Il n'y a pas
de religion sans culte, et il n'y a pas de culte sans dimanche ; car c'est en ce jour que, pour tous les peuples chrétiens, se renouent et se fortifient les liens de cette alliance
de l'homme avec Dieu, qui constitue, en nom comme en
fait, la religion. Le repos du septième jour est la base de
cette alliance auguste ; il en est le signe, le symbole et la
condition fondamentale. La violation publique, générale,
permanente, officielle, de cette condition est la ruine même
du divin contrat. Elle équivaut à une profession publique
d'athéisme, car elle a pour conséquences nécessaires de
supprimer la connaissance et la pratique de la religion.
C'est un défi public jeté à Dieu.

Le repos du dimanche est violé, et le culte, qui était la
conséquence et la condition de ce repos, est abandonné ;
l'âme est privée de sa nourriture en même temps que le
corps de son repos ; le pauvre, l'ouvrier sont livrés, sans
défense, à l'influence, chaque jour croissante, du mensonge
et du mal. Nous vivons dans un temps où ce mal, semé
d'abord par les maîtres de la philosophie, de la littérature

et de l'histoire, est désormais répandu, par l'effort quoti-
dien de mille mains infatigables, jusque dans les plus obs-
curs recoins de la société, dans un temps où les écrivains
les plus populaires ont mis autant de soin à égarer et à
dépraver le peuple que l'on en mettait, dans d'autres siècles, à l'épurer et à le grandir. Et voici que le contre-poids
qu'opposaient à la raison égarée et aux passions émanci-
pées le culte public, l'enseignement périodique et perma-
nent de la vérité révélée, infaillible et traditionnelle, ce
dernier et trop faible contre-poids a presque disparu d'entre
nous ! Par un raffinement odieux, on a imaginé, dans une
foule de manufactures et de magasins, de faire durer le
travail du dimanche précisément jusqu'à l'heure où les
exercices obligatoires du culte ont cessé, de manière à assurer la liberté du mal après avoir annulé la liberté du
bien. C'est ainsi que la profanation du dimanche est devenue la ruine de la santé morale et physique du peuple des
grandes villes.

Malgré toutes les lois, les ordonnances et les cir-
culaires, les soldats français sont, par rapport à la
sanctification du dimanche, dans des conditions pires
que celles des ouvriers ; car, à la rigueur, un ouvrier
peut quitter son patron et changer d'atelier, tandis
qu'un soldat ne peut abandonner son régiment.

M. de Montalembert se plaignait amèrement de
cet abus du pouvoir à l'Assemblée nationale :

Dans l'état actuel des choses, les soldats de notre brave
armée sont presque complétement privés du droit d'exercer
librement leur culte. Il est vrai qu'on ne le leur interdit pas
formellement; mais, dans la plupart des corps, et surtout
dans les régiments de cavalerie, le service est organisé de
telle sorte qu'il y a impossibilité à peu près absolue, pour
le militaire, d'entrer dans une église le dimanche avant

midi, et par conséquent d'obéir au précepte de la foi catholique relativement à l'assistance à la messe. Il importe de
faire disparaître un état de choses aussi oppressif; il importe de changer un système qui, dans un pays catholique,
empêche 400,000 soldats, l'élite de notre jeunesse, de remplir leurs devoirs religieux, et qui renvoie ainsi tous les
ans dans leurs familles 60,000 Français ayant perdu toute
habitude des pratiques religieuses [1].

Faut-il être surpris, après cela, que les soldats qui
ne connaissent plus Dieu et qui méprisent les commandements de l'Église soient sans discipline, sans
subordination, et prêts à lever la crosse en l'air en
face de l'émeute ?

Il nous est impossible de ne pas constater que le
châtiment a suivi visiblement, et avec la plus consolante rapidité, la violation de la plus ancienne des
lois. On conteste avec fureur, et selon nous très à
tort, que le bien-être des ouvriers soit plus grand
qu'autrefois; mais admettons qu'il y ait doute : ce
qui est incontestable, c'est que leur mécontentement
n'a jamais été plus grand. Ils peuvent être mieux
vêtus et mieux nourris, mais ils sont certainement
moins heureux, et ceux qui les emploient bien moins
tranquilles. C'est depuis que le respect du dimanche

---

[1] Il y a quinze cents ans, dans le premier acte d'autorité publique
qui ait prescrit l'observation du dimanche, l'empereur Constantin, par
son édit du 6 mars 321, décharge les soldats romains de leur service
militaire pendant ce jour. Et dans un pays catholique comme la France,
on ferait moins pour les soldats français que ne faisait pour les Romains cet empereur à peine converti, au lendemain de la plus san-
glante des persécutions.

a disparu dans les ateliers et dans les manufactures, sous le vain et faux prétexte d'encourager le travail. que nous entendons retentir, comme un cri de haine et de guerre, le reproche de l'exploitation de l'homme par l'homme. Plus les églises ont été désertées par les ouvriers, et plus les manufactures leur ont paru semblables à des prisons.

Hélas! nous avons appris à nos dépens que la vieille sagesse de nos pères ne méritait pas tous les dédains dont on l'a accablée. Notre orgueil a reçu de trop cruelles leçons pour n'avoir pas appris à craindre d'autres dangers et à subir d'autres calamités. Dieu s'est joué de ces faux sages qui insultaient à son culte sous prétexte de faire honneur au travail.

§ 2

Profanation du Dimanche sous Napoléon III

En général, les Bonapartes ne respectent guère les commandements de l'Église, quand ils peuvent y manquer sans trop compromettre leur politique à bascule.

On a vu dans les lettres de Napoléon Ier le peu de cas qu'il faisait du repos dominical.

Son illustre neveu, l'*Homme de Sedan*, était

moins scrupuleux encore. Jamais, sous aucun règne,
le travail du dimanche n'avait été plus scandaleux.
Le palais des Tuileries, que les flammes vengeresses
viennent de dévorer, a été rebâti en partie le dimanche.

Non-seulement les ouvriers travaillaient ce jour-
là aux Tuileries, sous l'œil de l'empereur, mais
encore jusque dans le lieu saint. C'est ainsi que l'on
a vu des maçons exercer leur état pour la fête de
Pâques et pendant les offices, en 1864, dans l'église
Saint-Laurent, à Paris. Le vénérable curé monta en
chaire pour faire amende honorable d'un pareil
scandale. Nous tenons le fait de plusieurs prêtres,
témoins oculaires.

Que d'ateliers, que de riches et splendides magasins, consumés dernièrement par le pétrole et les
torches des communards, semblaient défier Dieu, en
violant ouvertement et au grand scandale des chrétiens, le jour du Seigneur.

Voici une lettre saisie parmi les papiers de la
Correspondance impériale. Combien d'autres dans
ce genre que nous ignorons ! Les gens superfi-
ciels seront seuls à la trouver peu importante. Elle
l'est en effet considérablement, non-seulement par
l'hostilité dont elle montre le gouvernement animé
contre les catholiques, mais encore par l'aveuglement qui le pousse à voir des ennemis du pouvoir

dans tous les hommes de foi et de zèle qui cherchent à organiser des associations pour moraliser le peuple que tant d'autres s'appliquent à corrompre et à exciter à la révolte.

On remarquera aussi la date de 1856; dans ce temps-là l'empire affectait des dehors de religion qui ont trompé tant de catholiques.

Dans tous les cas, le gouvernement qui encourageait la franc-maçonnerie et persécutait sous main le catholicisme a été puni par où il a péché. Car personne n'ignore que ce sont les libres penseurs et les sectaires qui l'ont renversé.

Lettre de M. P. M. Pietri, préfet de police, à M. Mocquard, secrétaire intime et chef du cabinet de l'Empereur :

Paris. 21 avril 1856.

Mon cher Mocquard,

Je te renvoie, avec la note de l'ex-gendarme Goudal, un rapport sur l'Association pour l'observation du dimanche, que, *conformément à son désir, tu voudras bien mettre sous les yeux de l'Empereur...*

Je suis persuadé que cette Association est une mauvaise chose au point de vue politique, *et que loin de l'encourager, il ne faut rien négliger* pour en arrêter les progrès et mettre obstacle à son organisation. C'est déjà trop d'avoir les sociétés de Saint-Vincent-de-Paul, Saint-François-Xavier et autres, sur lesquelles on n'ose pas trop porter la main et qui nous enlacent de toutes parts..... etc.

Tout à toi,

PIETRI.

§ 3

Une bonne leçon

Voici un chapitre que nous citions dans notre *Journal des Bons Exemples*, à l'époque de l'Exposition universelle de Paris, en 1867.

Les étrangers, attirés en grand nombre à Paris par l'Exposition universelle, sont fort scandalisés de la manière dont on profane publiquement et sans vergogne le dimanche dans cette métropole de la civilisation *moderne*.

On lit dans l'*Union* à ce sujet :

On nous rapporte que les courses de Chantilly de dimanche ont donné lieu à un incident digne d'être mis en regard de notre monde antichrétien.

Le prince de Galles avait reçu du Jockey-Club l'invitation d'assister à cette fête, et d'abord il avait promis; puis, se souvenant de l'austérité anglaise, et songeant aux multitudes de nationaux qui sont présentement à Paris, il aurait pensé que sa présence aux courses en un jour voué au repos et à la prière serait une offense pour la loi et pour les mœurs de son pays. Il aurait donc fait savoir au Jockey-Club le motif de son scrupule et l'obligation où il était de consulter la reine ; une dépêche aurait été envoyée à Londres et une réponse serait aussitôt revenue, portant : Non ! Le prince n'a pas paru à Chantilly.

D'autre part, ce même jour de dimanche, des visiteurs de l'Exposition remarquaient le silence et l'immobilité de la partie de l'exposition d'Angleterre, des États-Unis et de quelques États d'Allemagne, à côté de l'agitation, du tumulte et du travail de l'exposition française. Ce jour-là reste donc un jour sacré pour une grande partie du monde chrétien ; pour la France, il est un jour vulgaire, où l'activité redouble et affecte de se jouer de la loi du Seigneur.

Il n'était pas inutile de noter ces contrastes.

Nous savons que les forts esprits de l'athéisme, à ce simple indice, vont se récrier; qu'ils se récrient!

Nous savons aussi que les peuples que l'on veut athées sont des peuples voués tôt ou tard aux misères et aux corruptions de la servitude.

Et puis, quel spectacle ! Nous convions toutes les nations du monde à nous visiter, et toutes nous viennent avec des signes publics de leurs croyances ; chacune a son autel ; chacune se souvient d'un Dieu créateur. Nous, la nation modèle, nous laissons croire à ces peuples assemblés que nous n'avons pas de Dieu ! Et nous faisons les fiers ! Et nous jetons au ciel nos ironies ! Et nous étalons dans nos places publiques nos impiétés !

N'est-ce pas une belle et éclatante façon de faire admirer notre civilisation à toute la terre?

Disons du moins à ces visiteurs, que vont surprendre de tels exemple, que toute la France n'est pas dans cette représentation d'une société sans Dieu. Disons-leur, et ils le verront bien s'ils visitent nos temples, qu'il y a une France chrétienne, catholique, fidèle aux lois et aux vertus qu'elle enseigne aux barbares : mais cela même ne fera pas qu'ils n'emportent de sombres souvenirs d'une société publique qui se met de la sorte en dehors de ce qui avait fait sa grandeur et sa prépondérance morale aux yeux de tout l'univers.

Pour peu que les étrangers réfléchissent, ils soupçonneront en effet que ceux qui veulent la France athée ne la veulent pas seulement abaissée devant des maîtres, ils la veulent dégradée devant le monde. La religion avait fait la liberté de la France ; l'impiété la vouerait à l'esclavage. Lorsque Charlemagne dressait ses Capitulaires, où il ordonnait la suspension de tous les travaux serviles le jour du

Seigneur, il faisait de la France le centre du plus grand empire qu'ait vu le soleil; lorsque la Révolution abolissait le dimanche, elle consacrait la tyrannie des âmes, consacrée par la loi de l'échafaud.

Que de choses à dire ! Mais nous voulions seulement signaler le contraste des mœurs et des lois de quelques voisins avec l'étalage de notre scepticisme.

Ceci va plus loin qu'on ne pense. On parle beaucoup du travail de nos jours, on ne parle pas d'autre chose. Le christianisme, ami de l'homme, parle aussi du repos; si Dieu permettait que le christianisme disparût de la France, le repos serait interdit, et ce qui resterait, ce n'est pas seulement le travail, mais le travail esclave, parce que la force toute seule en serait la raison et la règle.

§ 4

Une Punition éclatante

Les nombreux étrangers attirés à Paris par l'Exposition universelle étaient scandalisés de la manière dont on profane le saint jour du dimanche dans cette Babylone moderne.

Dieu n'est pas désarmé, et de temps en temps sa justice frappe d'une manière terrible tous ces impies qui méprisent sa loi sainte.

Voici un trait cité par M. Mullois et qui a eu un grand nombre de témoins :

Un de ces dimanches, l'après-midi, une de ces lourdes voitures, qui portent des pierres pour les constructions, cheminait dans Paris, comme si de Dieu et de dimanche il n'y avait pas. Elle passait sur la place des Invalides, un cheval s'abattit ; le charretier tombe dessus à coups de fouet. La pauvre bête fait des efforts pour se relever, mais en vain : elle avait les jambes prises dans ses traits ; elle retombe pesamment sur le pavé. Le charretier redouble de coups et vomit, exhale tous les blasphèmes que la terre et l'enfer peuvent suggérer ; mais le cheval est toujours dans l'impuissance de se relever.

La foule des promeneurs, qui étaient fort nombreux, s'était ameutée autour du charretier, et manifestait hautement son indignation. Mais l'homme retourne contre elle sa furie, la menace du manche de son fouet et lui jette à la face toute sa série de blasphèmes, sans compter ceux qu'il invente. Ce n'était plus un homme, c'était un démon. Il saisit le cheval abattu par la bride, lui allonge sur les flancs une grêle de coups de manche de fouet, lui secoue violemment la tête. Le sang coule à flots des naseaux du cheval et rejaillit sur son bourreau. C'était un spectacle hideux, sauvage.

Alors le misérable finit bien malgré lui par où il eût dû commencer : il détacha les traits du cheval, et celui-ci se releva prestement. Mais à peine debout, il se dresse sur ses deux pieds de derrière, abaisse ses deux pieds de devant sur celui qui l'avait maltraité, d'un coup de dent lui broie l'épaule, le jette par terre, se met à genoux sur son ventre et à coups de tête fait de l'homme un espèce de tas de charpie. La foule et d'autres charretiers ont bien de la peine à lui arracher sa victime. Après cela, il s'échappe, et on emporte le charretier presque mort sur un banc voisin. Un autre charretier court après le cheval, le reprend, le caresse, monte dessus et le ramène comme si rien n'était ; mais l'animal, en revoyant le sang, retrouve sa fureur, il suit la trace de ce sang, il se précipite de nouveau vers celui qui l'avait maltraité, quoique la foule le lui cachât, et il fallut la force de beaucoup de bras et de courage pour l'empêcher de l'achever.

Voilà une scène atroce, un bien triste spectacle donné un jour de dimanche au milieu de Paris, surtout quand on songe à cette masse d'étrangers qui sont venus admirer les merveilles de l'Exposition ; et il faut l'avouer, il y a de quoi, elle est splendide : au rapport de tous, c'est une magnificence, un triomphe. Mais, hélas ! il faut plutôt regarder les choses que certains hommes, et pourtant l'homme avant tout ; le reste n'est fait que pour lui. Qu'on perfectionne les choses et les machines, je le veux bien ; mais qu'on n'oublie pas de perfectionner le roi de la création. Et que faire pour retrancher cette plaie et cette honte de notre société, pour rendre civilisées des masses d'hommes qui ne le sont pas ?

Il y a une chose à faire : c'est de rétablir promptement pour tous le respect du dimanche. De bonne foi, peut-il être un homme civilisé celui qui est éternellement plongé dans la matière, dans la crasse, qui ne se nettoie pas un peu de temps en temps, à moins que ce ne soit pour aller à certains endroits que l'on n'a jamais regardés comme un foyer de civilisation, attendu que souvent on y laisse plus de raison qu'on n'en rapporte ?

§ 5

L'ignorance des vertus religieuses, suite de la profanation du dimanche

Un remarquable discours a été prononcé, il n'y a pas longtemps, à Sainte-Clotilde, par le R. P. Lescœur, prêtre de l'Oratoire, sur l'incrédulité des classes ouvrières et l'athéisme populaire ; nous en extrayons une page qui montre à quel point l'athéisme populaire a fait des progrès. C'est la plaie sondée dans toute sa pronfondeur par le cœur du prêtre et exposée sans déguisement.

Dans cette paroisse de Ménilmontant, qui fait l'objet de ce discours, sur quarante mille habitants, les deux tiers environ sont des ouvriers ou des indigents. Or, les membres de cette Conférence qui sollicite vos secours m'apprennent qu'on rencontre bon nombre d'enfants de douze à quinze ans qui ne savent pas ce que c'est qu'une croix ! Les chefs de famille qui n'ont pas fait leur première communion sont nombreux, et quant aux unions irrégulières, dont le nombre dépasse ce qu'on pourrait croire, on commence à n'en plus sentir la honte. Vous ne vous étonnerez pas si j'ajoute qu'un grand nombre d'enfants ne sont pas même présentés au baptême.

En résumé, voici la situation dont nous sommes les témoins : Dans ce Paris si orgueilleux, qui se proclame le centre de la civilisation et comme le sommet de l'intelligence humaine ; autour de nos palais, de nos musées, de de nos salles d'exposition ; autour de nos églises antiques, consacrées par tant de souvenirs glorieux pour la foi de nos pères, sur ce sol si profondément chrétien, où, de sainte Geneviève à saint Vincent de Paul, tant de saints et de saintes ont travaillé au prix de leurs sueurs et de leur sang à l'avancement de la foi, au progrès de l'Évangile, au salut des âmes ; dans ce Paris de Charlemagne et de saint Louis, vit et se meut aujourd'hui, en plein dix-neuvième siècle, une multitude immense, innombrable, qui ne connaît nos mystères que par de vagues souvenirs, nos sacrements que par ouï-dire ; qui a pour nos temples le même regard que pour nos théâtres ou nos casernes, à qui le nom de religion ne parle plus ni de Dieu, ni de son âme, ni de l'immortalité, ni de la justice éternelle ; à qui l'indifférence des choses de l'âme est devenue comme une seconde nature : voilà le fait dans toute sa nudité, voilà le spectacle qui s'impose à la méditation de quiconque aime son pays, sa religion, et s'intéresse à leur commune destinée.

Sur un sol si bien préparé, si bien nivelé par l'ignorance, faut-il s'étonner, mes frères, de voir prendre racine, avec une facilité inouïe, aux préjugés les plus hostiles, les plus violents contre toute influence religieuse ?

Nous détachons le fait suivant de la *Semaine religieuse* de Montpellier ; il sert de pièce justificative au discours du P. Lescœur :

UNE SÉANCE DE CATÉCHISME DANS UN DES NOUVEAUX FAUBOURGS DE PARIS ANNEXÉ.

L'abbé Bernard avait son costume de prêtre et me sembla plus sérieux qu'à la sacristie.

La prière faite, et lorsque nous fûmes assis :

« — Voyons, dit-il, que les nouveaux se lèvent. »

Je me levai avec deux autres.

« — Ah ! Fifi Godinet, dit-il en m'apercevant, je le connais; il m'a été présenté hier. Asseyez-vous, mon enfant. — Comment t'appelles-tu ? dit-il à un de ceux qui s'étaient levés avec moi.

« — Sylvain Poyaud, Monsieur le curé.

« — Que fais-tu? — Des allumettes, chez M. Bertrand.

« — Sais-tu ta prière ? — Comme ci, comme ça, dit l'enfant.

« — Allons, tu vas essayer de réciter, je t'aiderai : Notre Père, dit le prêtre. — Notre Père, répéta Sylvain. — Qui êtes aux cieux, continua le prêtre. — Qui êtes aux cieux, dit Sylvain. — Que votre nom soit sanctifié. — Que votre nom soit sanctifié. — Que votre règne arrive. — Que votre règne arrive.

« — Mais tu ne sais donc rien ? cria le prêtre. — Mais tu ne sais donc rien? répéta l'enfant sur le même ton.

« — Ah! mon Dieu ! dit, en joignant les mains et d'un air

découragé, l'abbé Bernard. A treize ans, ignorer le premier mot du *Pater* ! Je suis donc en pays de mission et chez les infidèles? — Et vous, mon enfant, dit-il au troisième, quel est votre nom et que faites-vous? — Je m'appelle Piroulet, et je tourne la roue dans une fabrique de porcelaine.

« — Savez-vous votre prière? — Certainement. »

Et Piroulet, s'étant mouché sur sa manche, dit d'une voix haute et claire : « Mon Dieu, je vous adore, ici présent... ici présent... ici présent... Vous êtes bénie entre toutes les femmes... les femmes... Je crois au Saint-Esprit, la sainte Église catholique, la communion des *péchés*, la résurection des *saints*... Les dimanches tu garderas en servant Dieu et *autrement*... Tes pères et mère honoreras et *le carême entièrement*... C'est ma faute, c'est ma faute, c'est ma très-grande faute...

« —Assez! assez! cria le pauvre prêtre. Il vaudrait mieux que tu ne susses rien du tout: tu mettras plus de temps à apprendre la prière que Poyaud qui n'en sait pas le premier mot. »

§ 6

Les Églises remplacées par les Cabarets

Depuis que la profanation du dimanche est devenue presque générale dans les villes, les ouvriers remplissent les cabarets le dimanche et le lundi.

Voici en quels termes énergiques un homme très-éloquent parlait des tavernes où tant d'hommes se vautrent dans les impuretés de l'orgie, en éteignant la lumière du ciel dans les vapeurs de l'ivresse. *On*

*ne peut s'asseoir à la table de Jésus-Christ et à
la table des démons.* Si cette parole de l'Apôtre a
une signification, et qui oserait en douter ; s'il existe
véritablement *une table de démons*, que peut-elle
être si ce n'est cette ignoble et fétide taverne, ves-
tibule de l'enfer, où l'orgueil se produit par de folles
profusions, où la colère provoque des mêlées meur-
trières et se roule dans des ruisseaux de sang, mêlés
à des ruisseaux de vin, où la luxure vomit ses obs-
cénités et médite ses plans de séduction, où la pa-
resse dévore dans de honteux loisirs les heures du
travail et du repos.

Hélas ! sous le dernier régime tombé à Sedan on a
laissé multiplier les cabarets à l'infini. Que l'on ne
nous accuse pas d'exagérer, voici ce que l'on a dit
en pleine Assemblée nationale :

On cite telle ville, celle de Nevers, par exemple, qui n'en
contenait que vingt en 1789, et où l'on en compte aujour-
d'hui *deux cent quatre-vingt-trois*, sans compter les cafés.
Vous savez avec quelle facilité, sous l'empire de nos mœurs
et de nos institutions actuelles, le cabaret se transforme en
club, et comment, sous les yeux de l'autorité désarmée, ces
clubs futurs servent dès à présent de cabinet de lecture
pour ces journaux pervers qui irritent le peuple en le dé-
moralisant. L'avenir dira s'il y a au monde une société
capable de résister à un pareil régime. En attendant, nous
préparons à nos contemporains et à nos descendants un
état social où le cabaret remplacera l'église, où le comptoir
du marchand de vin rendra impossible ou inefficace la caisse
d'épargne et de secours.

Vous le savez d'ailleurs, l'ouvrier laisse dans ces repaires non-seulement l'argent qu'il a gagné, mais la raison, l'intelligence et la vertu. Il y laisse sa bonne conduite, la paix de son âme et celle de son foyer domestique. Il en sort envieux, menaçant, débauché et prêt à devenir l'indomptable ennemi d'une société à laquelle il viendra un jour demander compte du mal qu'elle lui a fait, en tolérant un système qui le prive de tout enseignement moral et de toute consolation religieuse.

Sous Louis XIV, il y avait à Paris *vingt maîtres marchands de vin* qui suffisaient aux besoins de la population. Aujourd'hui, voici comment se répartissent les débitants de boissons.

Nombre des cabarets.	5,660
— des cafés.	2,230
— des distillateurs.	1,360
. . des brasseries.	320
Total.	9,570

Voilà le progrès ! *neuf mille cinq cent soixantedix* tavernes où l'on fume, où l'on joue et où l'on se grise.

Fréquentées, on peut l'affirmer, par un grand tiers de la population, soit six cent mille personnes [1].

Nous extrayons les lignes suivantes d'un article de la *Paix :*

Un vieil officier français, mutilé dans la guerre civile de 1848, puis encore en Afrique, nous donnait hier une explication nouvelle et effrayante de la dégradation de son

---

[1] *Maurice le Prévot.*

pays et d'une grande partie de l'Europe. C'est l'ivrognerie, disait-il, qui est notre principal défaut et qui deviendra le vôtre. Vous ignorez les ravages que l'absinthe a causés dans nos régiments d'Afrique, dans la plupart des autres, dans les classes populaires, même parmi la bourgeoisie. Beaucoup de militaires s'enivrent les jours de paie, et beaucoup d'ouvriers boivent un bon tiers de ce qu'ils gagnent. Là gît le mal, mal d'autant plus terrible qu'il abrutit l'intelligence en gâtant le corps. J'ai vu des bataillons se soûler, les officiers en tête, avant le combat, et noyer leurs sens avec leur courage. Discipline, coup d'œil, fierté, tout se fond dans cet affreux liquide.

La consommation de l'absinthe a doublé durant le siége de Paris : elle a, pour ainsi dire, absorbé la solde. Demandez à nos médecins, à quiconque observe et calcule, quels ont été les progrès de l'ivrognerie en France depuis un quart de siècle, surtout dans la capitale, dans les cités révolutionnaires, même dans les départements du Midi, longtemps renommés pour leur sobriété robuste. Presque toutes les punitions infligées aux officiers et aux soldats n'ont pas d'autre cause, en campagne comme dans les garnisons. Mon frère a conduit contre les Allemands un bataillon littéralement ivre, qui s'est couché à mi-chemin sans avoir la force d'avancer ni de fuir. Tenez ma remarque pour très-sérieuse, et repoussez hardiment les contradictions dont elle sera l'objet ; mon témoignage oculaire est confirmé par tous les officiers devant lesquels je l'ai produit.

L'absinthe est mortelle à l'esprit et au bras ; les autres alcools sont à maudire aussi, mais ils ne dissolvent qu'à la la longue, tandis qu'elle détériore l'être humain en deux ou trois ans. Chose curieuse, nos civilisés périssent comme ont péri les Indiens de l'Amérique du Nord, par l'eau de feu !

Quel chapitre effrayant on ferait si l'on analysait les chansons impies, ordurières et révolutionnaires, qui se chantent dans les cabarets et dont le refrain sert, dans les crises, à exciter les émeutiers.

Voici quelques couplets du *Chant des Ouvriers*, par Pierre Dupont.

> Pauvres moutons, quels bons manteaux
> Il se tisse avec votre laine !
>
> . . . .
>
> Quel fruit tirons-nous des labeurs
> Qui courbent nos maigres échines ?
> Où vont les flots de nos sueurs ?
> Nous ne sommes que des machines.
> Nos Babels montent jusqu'au ciel ;
> La terre nous doit ses merveilles.
> Dès qu'elles ont fini leur miel,
> Le maître chasse les abeilles.
>
> . . . .
>
> Que le canon se taise ou gronde,
>   Buvons,
> A l'indépendance du monde !

Personne n'ignore que les *chansons* politiques de Béranger ont beaucoup contribué à renverser la Restauration. La *Marseillaise* est le chant avant-coureur de toutes nos révolutions.

III

DÉSORGANISATION DE LA SOCIÉTÉ DE SAINT-VINCENT-DE-PAUL

§ 1

Origine de l'Œuvre

La Société de Saint-Vincent-de-Paul est une des œuvres du dix-neuvième siècle qui font le plus d'honneur à notre patrie et qui aurait dû trouver grâce devant les ministres de l'empire, auquel elle était très-utile, en moralisant les pauvres et en calmant leur faim qui est une mauvaise conseillère [1].

Voici, sur l'origine et l'organisation de cette Société, des renseignements très-exacts donnés par un de ses principaux membres :

La Société naquit en 1843, dans la maison et sous la direction de M. Bailly, qui avait pour but d'établir à Paris un

---

[1] Sous des dehors de luxe, Paris cache une affreuse misère. Trêve de phrases; citons des chiffres. Voici ce qui en est, d'après le *Dictionnaire des Communes* de 1866, assistance publique : nombre d'indigents sur 1,000 habitants, 55,32.
Nombre d'indigents secourus : 80,467.

centre de réunion où les jeunes catholiques pussent se rencontrer, se connaître, s'édifier les uns les autres, et enfin relever le défi de quelques camarades saint-simoniens qui accusaient la foi catholique d'impuissance.

Il nous semble aujourd'hui que rien n'a dû être plus facile que d'opérer une pareille réunion; mais si l'on se reporte à l'année de ce premier essai, si l'on songe que la révolution de Juillet avait dispersé toutes les sociétés analogues, et que les étudiants étaient presque sans exception livrés au prestige des utopies et à l'effervescence de l'époque, on se fera une idée de la difficulté qu'il y avait à fonder, dans un tel milieu, une œuvre purement catholique. Le clergé lui-même, ne croyant pas la chose possible, se défiait de tous les essais, et ne supposait pas qu'ils pussent être exempts d'idées hasardées et d'innovations téméraires. En outre, partout où s'opère une réunion libre, il faut de toute nécessité un *agent principal;* et les huit jeunes gens qui formèrent le noyau de la Société ne se fussent pas réunis, s'ils n'avaient pas trouvé dans M. Bailly un homme mûri dans le catholicisme, dans la direction de la jeunesse et la connaissance des affaires de la vie. Ayant de plus une connaissance particulière et approfondie de la vie et des œuvres de saint Vincent de Paul, M. Bailly traça le règlement de la nouvelle Société; sa prudence, sa sagesse et son expérience le garantirent des écarts où se serait peut-être fourvoyée une ardeur imprévoyante, et la sauva des écueils nombreux entre lesquels il fallait que le vaisseau passât avec précaution, avant de se lancer dans la pleine mer.

M. Bailly a été le premier président de la Société de Saint-Vincent-de-Paul, et pendant douze ans il en a rempli les fonctions avec un dévouement admirable.

Plus tard, un jeune homme doué d'une foi vive, d'une intelligence supérieure, d'une activité extraordinaire et d'une éloquence *maîtresse des cœurs*, fit partie de la Société; il lui donna une impulsion qu'elle a toujours conservée. Ce jeune homme était Frédéric Ozanam.

Quelles que fussent les espérances de ceux qui commençaient, sans s'en douter, la plus grande œuvre de notre temps, on peut dire qu'elles ont dépassé de beaucoup leur attente.

C'est précisément cette rapidité extraordinaire avec laquelle la Société de Saint-Vincent-de-Paul, fondée il y a trente-huit ans par huit étudiants, a multiplié ses conférences en France et successivement dans le monde catholique, qui montre combien elle répond exactement aux besoins actuels. L'Angleterre le sait.

On se tromperait, si l'on croyait que le but de cette Société est seulement le soulagement des misères temporelles et spirituelles des pauvres Le vrai but de la Société de Saint-Vincent-de-Paul est de former ses membres eux-mêmes à la pratique de la charité, et de consolider leur foi et leur piété par la puissance des œuvres de miséricorde. Pour rester fidèle au milieu de l'indifférence d'une époque où les esprits sont entraînés par les séductions du monde et de ses richesses, le vrai spécifique, c'est la vue fréquente de la misère, c'est le zèle à la soulager de sa main, à la consoler de son secours et de sa parole.

Les arguties de la philosophie contre le *Verbe* et son Église sont indignes de préoccuper les chrétiens: il faut y répondre cependant, mais c'est un soin qui doit être laissé aux théologiens et aux philosophes catholiques; on s'égarerait si l'on croyait utile de laisser la jeunesse s'aventurer dans le labyrinthe des sophisme modernes. Voulez-vous qu'elle reste fidèle à la foi? Faites-lui visiter souvent les pauvres; la pratique fréquente de la charité porte en soi une bénédiction spéciale et répand dans l'âme une sécurité de foi que rien ne peut ébranler.

§ 2

Aveuglement de l'Empire

Si ce n'était pas de l'histoire contemporaine, si nous n'avions pas entre les mains les pièces officielles, nous aurions de la peine à croire que l'empire ait eu le triste courage de frapper et de désorganiser cette Société de Saint-Vincent-de-Paul qui admettait des membres de toutes les opinions politiques et dont toutes les œuvres se faisaient au grand jour.

M. de Persigny, alors ministre de l'intérieur, qui fut chargé de cette exécution, ne craignit pas de mettre cette association catholique au-dessous de la franc-maçonnerie !

L'épiscopat français fut indigné de cette mesure, et laissa, à cette occasion, exhaler sa douleur dans des lettres qui sont des monuments admirables de l'indépendance des évêques.

Pour moi, écrivait l'éloquent évêque de Poitiers à M. Rouland, ministre des cultes, après avoir lu certaines expressions de la lettre du ministre de l'empereur, j'ai laissé tomber la feuille de mes mains, et de même que M. Thiers disait, il y a dix ans, à pareille époque : *L'empire est fait*, je me suis écrié avec épouvante : *Est-ce que la révolution n'est point faite.* Puissé-je me tromper dans mes appréhensions ! Puissent ceux qui me paraissent s'être faits les esclaves de la révolution n'en être pas désormais les acteurs, *et ne pas en devenir ensuite les victimes !*...

L'effroi de tous les hommes religieux ou simplement conservateurs, les applaudissements frénétiques des ennemis de Dieu, du pouvoir et de la société, m'ont paru la réponse la plus péremptoire à ce manifeste.

Le courageux évêque de Nîmes, Mgr Plantier, protesta de son côté, dans une lettre qui est une de ses plus belles œuvres. En voici quelques extraits :

Le dirais-je, Monsieur le ministre? Instinctivement mon visage s'est caché dans mes mains, quand j'ai vu cette lettre s'ouvrir par un froid rapprochement entre nos *Sociétés de Saint-Vincent-de-Paul*, *de Saint-François-de-Sales*, *de Saint-François-Régis* et la *Franc-Maçonnerie*.

Que des journaux sceptiques et révolutionnaires se fussent permis cette inconvenance, ce serait à mes yeux chose toute naturelle; ils n'ont jamais eu le sens de la pudeur. On dirait qu'ils descendent et cherchent à se montrer dignes de Pilate et des Juifs, ameutés autour de son prétoire ; comme Pilate, ils se font un jeu de mettre Jésus et Barrabas en parallèle; comme les Juifs, ils ne balancent pas à préférer Barrabas à Jésus. Mais il ne s'agit plus ici d'un méprisable folliculaire. C'est un ministre qui parle et qui signe; c'est un ministre attaché au gouvernement catholique d'un grand peuple catholique; c'est lui qui met en regard et place sur la même ligne deux genres d'association aussi opposés l'un à l'autre que le ciel l'est à l'enfer, que la religion l'est à l'athéisme.

C'est à n'en pas croire ses yeux, on se demande, en lisant ces quelques lignes, si l'on n'est pas le jouet d'un rêve funèbre.

Non, Monsieur le ministre, on ne peut ni se rendre compte de la circulaire, ni s'en consoler. J'en gémis, parce qu'elle brise dans son magnifique faisceau l'œuvre la plus évidemment providentielle de notre époque. J'en gémis, parce qu'elle brise non-seulement une œuvre providentielle, mais une œuvre éminemment française, et qui nous valait l'honneur de voir Rome elle-même, et le monde entier avec

elle, relever de notre influence représentée par le conseil
central. J'en gémis, parce que si elle dissout ce grand
corps, *les souffrances des pauvres qu'il ne soulagera plus
risquent de s'élever en cris accusateurs devant Dieu contre
le pouvoir qui les aurait privés de leurs anciens bien-
faiteurs...* J'en gémis, enfin, parce que c'est une nouvelle
blessure faite à la grande Église de Jésus-Christ, et que
cette plaie s'ajoutant à d'autres plaies ne nous autorise
que trop à craindre pour l'avenir des coups plus douloureux
encore [1].

Après ces protestations si émues, n'avons-nous
pas le droit de mettre la désorganisation de cette
Société parmi les crimes qui ont attiré sur Paris et
son gouvernementtant de malédictions du ciel et
des pauvres.

[1] C'est en vain que M. le baron Ch. Dupin réclama au Sénat en
faveur des conférences de Saint-Vincent-de-Paul, dans la séance du 16
décembre 1683. Voici un extrait de son discours :

« Une chose m'a frappé dans le discours que vous venez d'entendre : c'est le profond et sage parti qu'a su tirer l'orateur d'une allusion
à ces insectes qui ruinent grain par grain les édifices les plus solides.
Aussi devons-nous chercher à soutenir toutes les bonnes institutions
qui peuvent servir de défense et de base au grand bâtiment de l'État.

« C'est dans cette pensée de conservation que je viens défendre ici
une institution moderne qui s'est proposé, il y a trente ans, par une
charité puissante, de rapprocher les classes supérieures des classes
inférieures, et dont le succès est admirable. Eh bien! ce qu'on aurait
peine à concevoir, c'est que l'administration précédente ait attaqué
cette institution dans ses parties vitales ; elle a frappé d'interdiction
les hommes éminents qui en étaient les propagateurs et les apôtres ;
elle a proscrit leur charité et l'intervention libre et gratuite dans les
œuvres de bienfaisance.

« Je ne demande aucune explication ; je me contente d'adresser une
humble et vive prière aux hommes du gouvernement. Qu'ils rendent
la liberté à la charité chrétienne ; que les fondateurs de l'institution
puissent reprendre librement leur honorable rôle. Ce qu'il y a de vraiment singulier, c'est qu'ils sont les promoteurs heureux de l'œuvre nouvelle chez toutes les nations de la terre : monarchies, empires ou républiques ; on les trouve partout, excepté en France. Il est digne de
l'administration actuelle de rendre sa liberté, son indépendance à la
Société des Conférences de Saint-Vincent-de-Paul. »

I V

IMMORALITÉ DES SPECTACLES A PARIS

§ 1

La passion des spectacles

La passion du théâtre, qui caractérise les Parisiens, a beaucoup contribué à les démoraliser. Nous cédons la parole à M. F. Mornand, rédacteur du *Siècle* qu'on n'accusera pas de cléricalisme :

C'est une grande face de l'existence parisienne. Il a été question plus d'une fois, dit-on, de priver Paris de journaux, j'ignore si la réforme serait praticable, et j'espère que non. Mais ce dont je puis bien répondre, c'est qu'elle échouerait sûrement, si elle s'en prenait à ces amusoies privilégiés et quotidiens qui, chaque matin, étalent à tous les coins de rues, sur toutes les bornes... non fontaines, leurs affiches bleues, vertes, jaunes, et dont Paris a deux douzaines. La guerre et les épidémies, compliquées d'un peu de famine, n'empêchent point la prospérité des entreprises théâtrales. Au contraire : on a remarqué que les grandes convulsions politiques ou autres avaient l'étrange don de profiter aux industries dramatiques. Les salles de théâtre ne désemplirent guère sous la Révolution française : il est vrai que les priviléges étaient abolis, et que les spectateurs entendaient

des choses, sinon excellentes, du moins pour eux toutes nouvelles. Le monde sembla renversé, quand, dans le cours et
au lendemain des terribles journées de juin, tous les théâtres fermèrent : rien ne sembla et ne fut en effet plus grave.
Après quelques jours de clôture obstinée, ils s'entre-bâil-
lèrent, grâce à une judicieuse subvention du pouvoir d'alors ;
et, par cette fissure, quelques fidèles, quelques habitués
quand même s'introduisirent : la foule les suivit bientôt et
n'a plus déserté depuis. Le succès a été, au contraire, croissant ; pendant ces deux années de guerre, de choléra et de
disette, toutes les industries ont souffert plus ou moins, sauf
celle du théâtre, qui a continué à s'arrondir un budget de
plus de dix millions par an。

Cette vogue si soutenue semble d'autant plus caractéris-
tique que le niveau dramatique, on n'en saurait disconve-
nir, est singulièrement abaissé [1].

Pour contenir les Romains, courbés sous le joug
de la plus humiliante servitude, les Césars faisaient
donner au peuple du pain et des spectacles : *panem
et circenses*. Les Parisiens ne sont pas si exigeants.
C'est ainsi qu'au plus fort du dernier siége, ils se
consolaient des tourments de la faim, en assistant à
des représentations théâtrales [2].

---

[1] *La Vie de Paris.*

[2] Louis-Napoléon connaissait bien les Parisiens, quand, pour les sé-
duire, il leur faisait élever un nouvel *Opéra*, couronné par un groupe
d'une indécence révoltante. On a dépensé, dit-on, à cet édifice monstrueux cent millions.

M. Louis Veuillot a fait les réflexions suivantes :

« Pendant que les pauvres meurent de faim, l'or afflue aux mains
des acteurs et figurants de l'Opéra, mâles et femelles, dont l'art charme
les gentilshommes de la banque. Non-seulement ces personnages sont
bien payés tant qu'ils sautent ou roucoulent, mais on leur fait de gras-
ses pensions lorsqu'ils sont hors de service. On y va généreusement,
sans regarder à leurs économies. Les services d'une seule danseuse

Voici en quels termes M. Louis Veuillot flétrit ce peuple léger :

Un journal du soir nous apprend qu'une *immense foule* s'est portée, dans la matinée du 9 janvier 1870, au Théâtre-Français, où l'on jouait une pièce de feu Scribe, intitulée *Bataille de Dames*. Ainsi, cet heureux peuple parisien, muni de tout ce qu'il faut pour rendre la vie douce, a la sagesse supérieure d'en user. Il éteint le bruit du bombardement sous le chant des flûtes et sous le clapotement du rire. Car son bonheur va jusque-là, qu'il est doué de la faculté de rire à l'esprit de Scribe, même pendant le pillage de la France et au bruit du bombardement.

Or le bruit du bombardement ne se compose pas seulement de l'explosion de l'obus. Il est à lui seul tout un concert, et l'artillerie, avec ses chants diversifiés, n'en forme que la basse. Là-dessus, en guise de violons, voltigent les gémissements des blessés, le râle des mourants, le sanglot des veuves et des mères, on y peut même distinguer les murmures et les blasphèmes, hélas! des soldats qui souffrent le froid et la faim autour du rempart; et l'on entendrait aussi le sang des cœurs qui coule à flots, là même où le sang des veines n'est pas répandu. Que sont devenus nos exilés de qui nous n'avons point de nouvelles, et quelles angoisses ne dévorent pas leurs âmes à la pensée de nos douleurs et aux nouvelles qu'ils reçoivent de nous ?...

Mais nous avons encore des histrions pour nous distraire!. . Il faut des spectacles aux peuples corrompus.

Que ce grand Paris justifie bien l'admiration du monde !

sont tarifés plus haut que les droits de cinquante mille malheureux qui manquent de tout.
« Joseph de Maistre, parlant quelque part des comédiens, fait cette remarque : « L'importance accordée à cette classe d'hommes, dit-il, et « au théâtre en général, mais surtout au théâtre lyrique, est une me- « sure infaillible de la dégradation morale des nations. »

Voici des réflexions inspirées au même écrivain par les dernières heures du siége de Paris :

Il se peut que l'excès de nos afflictions et de notre déca- dence actuelle produise en moi cet excès et cette fièvre d'es- pérance qui semble rendre l'abondance de la vie aux malades désespérés.

En écrivant, j'entends d'une oreille le clairon ennemi victorieux sur nos murailles, de l'autre ce que dit la sédition dans la ville captive. Sur les gémissements de Jérusalem vaincue j'entends dominer les chansons lascives de Ninive et les blasphèmes de Babylone. Je me souviens de l'orgueil de Rome, de l'endurcissement de son sénat refusant le baptème, et, lorsque les barbares avaient déjà crevé les murs, s'occupant encore d'assurer à la populace la conser- vation des fêtes et le maintien des dieux. Je me souviens de Byzance et de ses docteurs qui criaient : « Plutôt le Croissant! »

Hier, quand la capitulation, quand l'écriteau était au *Journal officiel* devenu notre pilori, on lisait aussi des af- fiches de spectacle, et les comédiens *français*, à l'heure même où l'ennemi entrait dans les forts, exerçaient leurs talents devant un public prisonnier. Ils représentaient *le Jeu de l'amour et du hasard*, Hélas! je sais cela, et je vou- drais ne le point savoir. Mais je sais aussi que la prière n'est pas éteinte dans toute la France, ni même dans Paris, et je ne puis croire, ni de la France qu'elle veuille périr, ni de Dieu qu'il veuille l'abandonner. Loin de là, une voix me crie que cette nation incomparablement humiliée, au milieu de l'abaissement moral du monde, se relèvera bientôt et marchera en avant de tous les peuples vers le meilleur avenir du genre humain.

§ 2

Dangers des Théâtres

Nous laisserons parler sur cette matière des hommes peu suspects d'exagération [1].

Citons d'abord un écrivain de la *Revue des Deux Mondes* :

Le théâtre a descendu peu à peu cette pente qui conduit à l'abîme, au fond duquel il n'y a plus ni mœurs, ni lettres. Il y est aujourd'hui si complétement plongé, que *ce serait une chose difficile de dire honnêtement tout ce qu'on joue ;* et la coupable complicité de la critique ne laisse pas entrevoir le terme de cet égarement et de cette profanation.

Nous nous bornons à demander *s'il y a quelque part, à Paris*, un théâtre littéraire où *une honnête femme* puisse aller sans s'exposer à rougir de honte? S'il y a un de ces théâtres, qu'on nous l'indique, nous le recommanderons.

Que doivent penser et que peuvent dire les étrangers, en assistant à ces scandales de tous les soirs?

---

1 « Les classes laborieuses n'ont guère que deux enseignements, les églises et le théâtre. L'église les entretient de leurs devoirs, le théâtre ne les occupe que de leurs plaisirs. Il n'y a point à s'étonner si bientôt elles désertent les leçons de l'une pour les amusements faciles et bruyants de l'autre; mais il faut s'étonner et se plaindre qu'on livre ainsi à des doctrines empoisonnées des intelligences vives, curieuses, ouvertes par leur faiblesse même à tous les sophismes du vice. »
(*Revue des Deux Mondes.*)

« La censure russe a défendu la représentation du *Père prodigue* au théâtre français de Saint-Pétersbourg. On nous assure qu'on l'a joué à Paris cent fois de suite. »

(*Courrier de Lyon.*)

Un sénateur, favori de César, n'a pas craint de dire la vérité dans la *France*, feuille officieuse :

Jusques à quand, dit le journal de M. de la Guéronnière, souffrirons-nous que l'art dramatique roule sur la pente fatale de la décadence et de la démoralisation ? Est-ce que l'heure n'est pas venue d'organiser enfin de toutes parts une croisade contre la dégradation morale où semble se complaire le théâtre ? On disait jadis avec fierté de la scène française qu'elle était une grande école de mœurs, de patriotisme et de généreux sentiments. Elle restait toujours fine, délicate, digne d'un peuple justement renommé pour son esprit, sa courtoisie et sa civilisation élevée.

Aujourd'hui, c'est dans les plus basses trivialités du vocabulaire et des manières des halles qu'elle cherche des effets malsains, habiles à exciter les bravos de nous ne savons quel public blasé et corrompu. Ces spectacles attirent et passionnent les Français de la décadence, comme les nudités du cirque païen attiraient et passionnaient les Romains du césarisme.

Il n'est plus possible à une femme honnête d'assister à ces dégoûtantes exhibitions ; il n'est plus possible d'y conduire une jeune fille, sous peine de flétrir cette âme candide à la vue de ces turpitudes. Le théâtre moderne fait parade du sensualisme le plus abject et du matérialisme le plus effréné.

Ce n'est pas seulement ici la cause sacrée de la famille, ce n'est pas seulement celle de la morale éternelle que nous défendons, c'est celle de l'art. Oui, le génie national s'éteint dans l'orgie littéraire qui se vautre depuis quelques années sur la scène française. Le culte de l'idéal est abandonné pour l'adoration de la forme plastique dans ce qu'elle a de plus abaissé, et l'on peut à peine compter les esprits incorruptibles qui refusent de sacrifier au dieu du jour et d'immoler la morale et la raison pure sur l'autel des passions viles.

Un magistrat distingué, serviteur fidèle de l'empire et auteur de bons ouvrages de critique littéraire, parle de la même manière.

Que voit-on, à Paris, au théâtre, dit M. Poitou? des peintures odieuses de la société.

Au premier rang nous citerons un drame : *le Brigand et le Philosophe*. Nous ne croyons pas que jamais, sur aucune scène, aient été vomies de plus plates injures, de plus furieuses imprécations contre la société et les lois, que celles qu'on lit dans cet incroyable drame. On croit rêver, quand on songe qu'il y a vingt ans, nous assistions, le sourire sur les lèvres, à ces absurdes horreurs, n'y voyant que d'innocents paradoxes et des jeux d'esprit sans conséquence.

« Que faire dans une société qui vous vole parce que vous êtes pauvre? Il faut voler pour être riche... Depuis longtemps, crime et vertu ne sont que des mots. Tuer un homme est un acte qui n'est en soi ni un bien ni un mal, et qui devient, selon le langage, un meurtre ou une victoire. Prendre l'argent du public, c'est commettre un vol ou lever un impôt. — Je suis fâché seulement, ajoute le chef de voleurs, d'avoir été forcé de prendre le mot le moins honnête et le sens le plus périlleux [1]...

« Dans un siècle où l'addition est tout, la *soustraction* devait être quelque chose. Le mal n'est donc pas de voler, le mal est dans la manière de voler. Si tu travailles contre la loi, certes tu gagnes peu et tu te caches : mais si tu voles le Code à la main, juste comme il faut voler pour être marchand, huissier, courtier, oh ! alors tu gagnes beaucoup et tu paies patente. Les gendarmes eux-mêmes te portent les armes en cas de décoration. Tu n'as plus la mine équivoque, tu portes des gants; tu n'es plus d'une bande, mais d'une raison sociale; tu n'exerces plus la nuit, dans la solitude.

[1] *Le Brigand et le Philosophe*, prol., sc. v.

mais en plein jour, en pleine ville; tu ne cries plus : *La bourse ou la vie !* mais **tu** demandes *le prix fixe*, ou *les frais de bureau, s'il vous plaît*[1]. »

Le chef de voleurs, par application de cette belle théorie, s'est fait *honnête homme :* il est devenu le premier magistrat de son pays; il vole impunément à la Bourse, et rencontrant un de ses anciens camarades de la forêt :

« Nous sommes, lui dit-il, tous les deux en plein dans la conséquence du principe social. Misérables tous les deux, nous avons vécu aux dépens de ce monde, mais j'ai une autre méthode que toi, et je m'en trouve assez bien. Vois où j'en suis et où tu en es, mon pauvre Wolf, avec tes vols classiques. Si un autre que ton ami le juge t'eût pris sur le vol de la montre, tu étais un homme arrêté. Et moi, je gagne impunément cent mille florins; moi, je suis atteint et convaincu d'avoir triché toute ma fortune, d'avoir joué à coup sûr, et cependant je suis riche et honoré; je juge, au lieu d'être jugé. Mon sort vaut-il le tien[2] ? »

Sauf la brutalité de la forme et le cynisme sans exemple du langage, on retrouve à peu près les mêmes idées sous la plume de plusieurs écrivains[3].

§ 3

Le Clergé calomnié

Voici comment M. Jules Janin, rédacteur des *Débats* , parle d'une pièce abominable que le

---

[1] *Id.*, prol., sc. VII.

[2] *Id.*, acte II, sc. IX.

[3] « Les gens qu'on honore, dit Julien, le héros de *Rouge et Noir*, ne sont que des fripons qui ont eu le bonheur de n'être pas pris en flagrant délit. » (*Le Rouge et le Noir*, par Stendhal, t. II, ch. XLIV.)

respect dû à nos lecteurs ne nous permet pas d'ana-
lyser :

L'action se passe de nos jours, non loin de Paris. Il y a
à Paris un archevêque traître, faussaire, conspirateur, débauché, immensément riche, suborneur de jeunes filles,
incendiaire, par-dessus tout incendiaire pour favoriser
l'élection d'un député ministériel. Dans la fable que les
auteurs ont inventée, ils ne disent pas, les bonnes gens,
le nom de ce furieux archevêque, ils vous permettent de le
deviner. Au lieu d'un, vous en aurez dix à choisir ! Ainsi,
pour faire un drame, vous mentez, vous calomniez de gaîté
de cœur tout le haut clergé ; vous l'accusez de plus de crimes
aujourd'hui, que jamais les tyrans de l'histoire antique n'en
ont pu commettre ; vous livrez en masse les archevêques de
France à l'exécration publique. Allons, du courage ! ren-
forcez vos couleurs, taillez dans le vif, frappez à mort les
vaincus, malheur aux vaincus ! Il est donc convenu que, dans
ce drame, le scélérat sera un prélat de l'Église catholique,
et vous verrez qu'on n'aura pas lésiné sur les crimes, cette
fois.

(JULES JANIN, *Histoire de la littérature dramatique*, t. I^r,
p. 81.)

L'an de grâce 1871 de l'ère chrétienne, en plein
Paris, capitale de la nation française appelée par les
papes *la fille aînée de l'Église*, les prêtres, les
évêques ne peuvent paraître en public dans les rues,
revêtus de leurs insignes. Jésus-Christ lui-même n'a
pas le droit de se montrer dans cette cité que
Louis IX traversait la tête découverte et nu-pieds,
en portant la sainte couronne d'épines.

Grâce aux progrès du siècle, on ne voit plus à Paris, en dehors des églises, des prêtres et des évêques

revêtus des ornements sacrés, qu'au théâtre où ils sont bafoués par d'indignes histrions.

A relire ces choses sans valeur, rêves fébriles de cerveaux aigris, on s'étonne de voir que les doctrines qui naguère encore ont mis la France à deux doigts de sa ruine définitive, et qui ont justifié si cruellement cette admirable parole de Tacite, lorsqu'il parle du penchant des multitudes à se ruer dans l'esclavage absolu : *Ruere in servitutem*, sortent justement de ces beaux drames, faits pour le peuple et par le peuple ! Un jour que le roi Louis XV (il savait un peu d'histoire, il en savait trop peu) contemplait le tombeau des ducs de Bourgogne : *Voilà pourtant*, dit-il, *le berceau de toutes nos guerres !* Eh bien ! de tous ces mélodrames mauvais, vous pouvez dire : *Voilà le berceau des socialistes !* voilà le point de départ du *droit au travail !* voilà les spectacles qui ont soulevé toutes ces haines effrayantes et ces instincts féroces de vengeances inassouvies dont l'explosion est devenue aujourd'hui l'effroi du genre humain ! Non, ce n'est pas Proudhon et sa fameuse formule, dont on n'avait jamais entendu parler avant 1848, non, ce ne sont pas les philosophes et les déclamateurs qui ont porté la corruption et la colère dans ces âmes faciles à toutes les empreintes, ce sont les drames et les mélodrames mauvais, c'est la chose jouée en chair et en os; la chose en action, revêtue à peine de quelques haillons, et râlant la faim, le froid, l'hiver, l'injustice, l'horreur, le cachot, le bourreau ! *Voilà le berceau de nos guerres !* voilà le commencement de ces déclamations pareilles à des *lampes brûlantes sur des gerbes de blé*, disait le ministre Saurin, le théâtre étant, de nos jours, une chaire, une tribune, et la seule chaire où les âmes soient attentives, et la seule tribune où la parole soit suivie à l'instant même d'un effet réel.

(JULES JANIN, *Histoire de la littérature dramatique*, t. 1er, p. 203.)

Mais ce n'est pas tout. L'empire, au lieu de réagir contre ces tendances subversives de la société, a non-seulement permis et favorisé ces représentations théâtrales où le clergé, la noblesse, la bourgeoisie sont tour à tour bafoués et livrés au mépris de la vile multitude, mais encore on a vu M. Mocquart, secrétaire de Napoléon III, composer une mauvaise comédie, *la Tireuse de cartes*, dans laquelle il n'a pas rougi d'attaquer le vénérable Pie IX, à l'occasion du baptême du jeune Mortara.

Après cela, ne soyons pas surpris si nous voyons dans ces vingt-cinq dernières années trois archevê-ques de Paris assassinés et les prêtres livrés à la fureur des bandits.

Non-seulement l'empire faisait composer des comédies immorales qu'il applaudissait, mais encore il ne dédaignait pas de descendre lui-même sur les planches dans la personne du jeune héritier présomptif[1].

---

[1] Qu'on ne nous accuse pas d'exagération ; voici des paroles bien graves prononcées au Corps législatif, dans la séance du 15 mars 1865, par un adversaire peu suspect de bigotisme. La force seule de la vérité a pu arracher à M. Jules Favre de pareils reproches : « Que faites-vous de la scène française ? Vous en avez fait un foyer de libertinage et d'impudicité, vous y exposez de honteuses nudités. (Quelques voix : C'est vrai !) Vous avez dans les mains une loi qui a été faite pour empêcher le travail des enfants dans les manufactures, et vous souillez l'enfant sur un théâtre privilégié, en lui faisant représenter le type et le modèle de la dégradation et du cynisme, au scandale de tous les honnêtes gens. » (Mouvements divers.)

V

LES EMPOISONNEURS PUBLICS

—

§ 1

Les mauvais livres

On peut dire de Paris ce que Tacite disait du siècle où il vivait : *corrompre et être corrompu, voilà le siècle;* corrompre et être corrompu, voilà Paris; la mort selon la belle expression de saint Augustin, y entre dans l'âme par tous les pores. Tout y respire la triple concupiscence dont parle l'apôtre saint Jean ; les yeux y rencontrent à chaque pas des images immondes, des statues qui auraient fait rougir des païens [1]. Les oreilles y sont flattées par les chants lascifs de Babylone...

---

[1] Dans une des conférences de Notre-Dame, l'année de l'Exposition universelle, le P. Félix s'écriait :

« Hélas ! hélas ! je dois bien l'avouer, lorsque, après avoir vu, au firmament de l'art, la pure étoile qui doit guider vos marches ascensionnelles, je viens à regarder la terre et à jeter les yeux sur le domaine des arts, tel que tendent à nous le faire certains génies retournés contre leur destinée, j'éprouve en mon âme je ne sais quel sentiment indé-

Des milliers de courriers y distribuent chaque
jour à domicile des publications impies et ordurières
qui se répandent ensuite dans le monde entier qu'elles
achèvent de corrompre et de pervertir [1].

Sous ce titre, *Romans à 20 centimes*, un journal
impérialiste, le *Pays*, a publié l'article suivant :

Personne aujourd'hui ne peut nier l'influence délétère
qu'a exercée sur notre génération la littérature des romans-
feuilletons. Aujourd'hui nous voyons le résultat de ces enseignements pernicieux, qui ont altéré les croyances religieuses et semé dans les âmes le *germe du socialisme*, qui
s'avance menaçant contre la civilisation épouvantée.

Cette propagande du mal est déjà ancienne; seulement,
au lieu de s'affaiblir, elle n'a fait qu'augmenter de force et
d'intensité Actuellement, ce n'est plus uniquement dans les
feuilles quotidiennes que l'on répand les fausses et dangereuses doctrines. La librairie à bon marché est devenue

---

finissable, où l'on dirait que l'indignation se mêle à la désolation; et je
m'écrie en face de ces prévarications et de ces apostasies : Quoi! ils ont
reçu le don du ciel, et ils ne l'emploient qu'à souiller la terre! Ils ont
reçu le bienfait de Dieu, et les ingrats, on dirait qu'ils ont juré de ne
s'en servir que pour profaner l'humanité! Ils portent dans leur génie
lui-même la puissance des célestes essors; et voici qu'ils ne me mon-
trent dans l'abjection de leurs œuvres que la profondeur de leurs chutes!... Quoi! ils devaient nous enlever et nous ravir avec eux-mêmes
comme les anges du paradis, dans le ciel des esprits, et voici qu'ils nous
font descendre avec eux, anges tombés et déchus, dans les plus basses
régions de la chair, au-desssons même de la sphère naturelle de notre
vie!... »

1 Nous prenons la note suivante dans une revue religieuse :
Veut-on savoir combien il se publie aujourd'hui de journaux dans le
monde entier? Un savant géographe. Balbi, en estimait, en 1826, le
nombre à 3,163. Des calculs, fruits de longues recherches, m'autorisent
à croire qu'ils dépassent aujourd'hui 12.300, que je répartis ainsi :

Europe.	7.000
Amérique.	5.000
Asie, Afrique et Océanie. . . .	500
Total des journaux du globe en 1867. . .	12,500

la succursale infatigable de cette croisade de scandales. Une multitude de romans illustrés à 20 centimes sortent journellement des presses et inondent Paris et les provinces. Voici quelques-uns des titres de ces publications : *la Religieuse*, de Diderot, *le Sopha*, de Crébillon, les romans de Voltaire, ceux de Pigault-Lebrun et de Ricard, *la Révolution*, d'Alphonse Esquiros, *le Juif-Errant*, les *Mystères de Paris*, les *Contes de la Fontaine*, le *Décaméron*, etc.

Chacun de ces romans est tiré à plus de 50,000 exemplaires, et en mettant la moyenne des lecteurs à 10 par exemplaire, on arrive à un chiffre de corruption vraiment effrayant : plus de 500,000 lecteurs !

Ces œuvres circulent dans toutes les mains. L'enfant les lit au collége, l'ouvrier les emporte dans son atelier, et le père de famille le plus religieux ne peut pas défendre sa maison contre cette peste nouvelle, à laquelle tout semble donner du succès.

« Dans la plupart de ces romans, dit M. Eugène Poitou, c'est toujours la même histoire sous des titres différents : toujours le même tableau dans des cadres peu variés; c'est-à-dire le monde peint comme une caverne de brigands, la société représentée comme composée de fripons et de dupes, de victimes et de bourreaux : toutes les femmes adultères, tous les hommes vils ou féroces; un incroyable entassement de crimes possibles et impossibles, d'horreurs invraisemblables, de dépravations sans nom. Pour Frédéric Soulié, comme pour Eugène Sue dans ses premiers romans, la loi de ce monde, c'est le triomphe du mal. Le vice règne ici-bas. Bien plus : à l'en croire, le bonheur et l'estime sociale dont jouit

un homme sont toujours en raison directe de sa corruption. Sa misère et son opprobre donnent la mesure
exacte de sa vertu. Beau *criterium* moral, n'est-il
pas vrai? Doctrine bien faite pour relever le culte du
bien et fortifier les âmes défaillantes ! »

Un philosophe contemporain a fait au sujet de
toutes ces publications malsaines les réflexions suivantes :

La presse, dit-il, est dans le monde une force nouvelle.
Elle est née il y a trois siècles. Depuis un siècle, elle a
pour le moins centuplé sa puissance. Depuis un demi-siècle,
la liberté de tout imprimer est établie par toute la terre. A
peu près tous les hommes savent lire, et en même temps
presque aucun homme n'est en état de juger ce qu'il lit.
Nul ne sait se défendre contre aucun livre. Dans la classe
moyenne des esprits, chacun se laisse former en peu de
temps, parfois en quelques jours, à l'image du journal qui
lui vient. Ce qui est écrit est écrit; ce qui est imprimé
gouverne. Les masses sont absolument écrasées et broyées
aujourd'hui par l'irrésistible puissance de la presse quoti-
dienne. Les esprits les plus cultivés eux-mêmes ne savent
pas assez se défendre. J'ai vu de grandes intelligences
trompées par les écrits les plus absurdes. Qui peut, sous
l'énorme et croissante quantité de matière imprimée, con-
server l'attention, la lucidité, la liberté, le mouvement
propre? L'esprit parmi nous est perdu, sa liberté indivi-
duelle est détruite, l'individu pensant demeure absorbé
dans la masse.

§ 2

La liberté d'attaquer la Religion sous l'Empire

Le gouvernement de Louis-Napoléon, loin de réagir contre ces influences délétères qui ruinaient la famille, la société et l'État lui-même, ne faisait que les encourager dans ses publications officielles[1] le en donnant pour professeurs à la jeunesse des écoles des auteurs connus par leur abject matérialisme. Une accusation si grave exige des preuves. Nous sommes embarrassé dans le·choix.

On n'a pas oublié la discussion qui eut lieu au Sénat, à l'occasion d'une pétition de plusieurs hommes notables de Saint-Étienne qui demandaient qu'on ne laissât pas dans la bibliothèque *populaire* de cette ville, organisée par les soins du conseil municipal, des ouvrages révolutionnaires et immoraux. M. le

---

[1] Qui pourrait dire les inepties imprimées dans le *Moniteur officiel* sous l'Empire ?

M. Edmond About a pris pour sa part, dans les comptes-rendus de l'Exposition universelle, les aliments et les boissons. L'écrivain est sans doute compétent dans ces matières; mais pourquoi mêler à cela la philosophie? Et quelle philosophie!

« Le *travail* invisible d'*un morceau de graisse phosphorée dans une boîte osseuse* coûte cher au corps humain: *la pensée est une sécrétion dévorante*. . Le corps s'use plus tot à *distiller quelques idées neuves qu'à charrier des pierres ou à fendre du bois.* » (29 septembre 1867).

On sait que grâce à la protection de l'Empereur, les protestants avaient un kiosque à l'Exposition universelle à Paris, où ils distribuèrent cent mille *bibles* ou *Petits traités* destinés à combattre le catholicisme.

sénateur Sainte-Beuve, devenu fameux par ses fes-
tins gras du *Vendredi Saint*, prit la parole [1]. L'auteur de *Volupté*, l'ami du prince Napoléon, déplaça
la question à dessein et pour répondre à sa « qualité
d'homme de lettres et à son office de sénateur, » il
crut très-habile de se présenter comme le champion
des libertés de l'esprit et de l'indépendance de la
pensée, nullement menacées.

Ne se sentait-il pas assez fort de lui-même? C'est
probable, à voir le soin avec lequel il chercha à
s'abriter derrière des autorités d'un autre genre et
d'un autre rang. Que dire, en effet, de l'invocation
qu'il dirige vers « ce prince remarquable par son intelligence, par son instruction, par ses idées élevées
sur la démocratie, par sa haute capacité, par son
éloquence, un prince, en un mot, *digne de sa
race?* » M. Sainte-Beuve regrette son absence.
« J'aimerais, dit-il, à le voir revendiquer les vrais
principes devant vous, Messieurs les sénateurs, qui
l'écouteriez avec un certain frémissement peut-être,
mais avec l'admiration de cette grande intelligence;
et s'il eût été ici, vous l'auriez vu défendre cette
femme éminente (George Sand) dont il s'honore
d'être l'ami. » Comme ce « frémissement » est adroit!

---

[1] *L'Événement* nous donne le renseignement suivant qu'il accompa-
gne d'une réflexion précieuse:

« M. Sainte-Beuve, sénateur, a réuni hier , VENDREDI SAINT, plusieurs de ses amis à dîner, parmi lesquels M. Edmond About.

« On voit que M. Sainte-Beuve est tout à fait rétabli, et le choix du
jour indique qu'il dine en libre-penseur. »

Seulement, M. Sainte-Beuve se fait tort; ne suffit-il pas à protéger l'auteur d'*Indiana*, et a-t-il besoin de solliciter pour elle l'égide du prince Napoléon?

Et Balzac! Quelle idée de le poser en suppliant devant M. Baroche, ce ministre «qui préside aux affaires de la justice et des cultes,» et qui, comme ministre des affaires étrangères, tenait «un des coins du drap mortuaire» de l'auteur d'*Eugénie Grandet!*

Ce n'est pas tout : M. Suin avait signalé avec raison les périls du «socialisme.» M. Sainte-Beuve relève ce mot. Dans quel but? «J'ai beaucoup étudié, dit-il, les œuvres du prisonnier de Ham, et j'ai reconnu qu'il était le *socialiste le plus éminent*, le plus éclairé!» Quant à M. Renan, il se demande «de quel droit on veut imprimer une sorte de tache à un homme distingué qu'*estime l'empereur*, toujours prêt à soutenir les idées les plus libérales!»

La forme, du reste, répond au fond. Quelle grâce dans ce compliment qui transforme un corps politique en un «salon!» Quelle délicatesse et quelle élégance dans cette apostrophe : «Prenez garde! on se prépare des mécomptes, et je dirais, si l'expression n'était pas trop triviale, de grands pieds de nez!» Ce n'est pas la peine d'appartenir à l'Académie française pour venir «apporter des notes aussi discordantes.»

Voici le chef-d'œuvre; ici tout est à l'unisson, style et pensée : «Nous vivons sous un régime qui a la base la plus large qu'ait eue aucun pouvoir en

France, et il (ce régime?) ne peut marcher en arrière de la croissante raison moderne ! » Un *régime*
qui *marche en arrière* d'une *raison croissante...*
O victimes de Molière, vous êtes dépassées [1] !

Au reste les faits les plus déplorables ne tardèrent
pas à démontrer combien il était dangereux de mettre
entre les mains des ouvriers des livres incendiaires.
A l'occasion des élections qui eurent lieu au mois de
mai 1869, des émeutiers pénétrèrent dans le collége
des Jésuites, à Saint-Étienne, et s'y livrèrent à toute
sorte de dévastations. L'établissement fut sur le
point d'être brûlé avec les élèves. On remarqua
parmi les accusés un jeune homme qui paraissait
avoir une certaine éducation littéraire. Après son
arrestation, il écrivit une diatribe où l'on lisait :
« Tremblez, prêtres, l'édifice papal va bientôt faire
place à l'édifice social. » Les livres, les papiers, découverts chez lui, étaient contre le clergé. On lui

---

1 Dans une lettre du SÉNATEUR Sainte-Beuve, datée de Paris le 14
juillet 1867 et insérée dans le *Courrier de la Moselle*, on lit ce passage :

« Qu'on en gémisse ou non, la foi s'en est allée; la science, quoi qu'on
dise, la ruine; il n'y a plus pour les esprits vigoureux et sensés, nourris de l'histoire, armés de la critique, studieux des sciences naturelles
il n'y a plus moyen de croire aux vieilles histoires et aux vieilles Bibles.

« Dans cette crise il n'y a eu qu'une chose à faire pour ne point lan-
guir et croupir en décadence; passer vite et marcher ferme vers un
ordre d'idées raisonnables, probables, enchaînées, qui donnent des con-
victions au défaut de croyances, et qui, tout en laissant aux restes de
croyances environnantes toute liberté et sécurité, prépare chez tous les
esprits neufs et robustes un point d'appui pour l'avenir. Il se crée lentement *une morale et une justice, à base nouvelle*, non moins solide
que par le passé, plus solide même, parce qu'il n'y entrera rien des
craintes puériles de l'enfance. »

demanda ce qu'il avait lu le jour de l'émeute : « Je venais de lire, dit-il, *le Christ au Vatican*, de V. Hugo, et je tirais les conclusions en saccageant la maison des Jésuites. »

M. de Bonald a dit *qu'un mauvais livre écrit en français était une déclaration de guerre à l'Europe*, tant la propagande de notre nation est active et efficace.

Si cela est vrai de tout mauvais ouvrage en général, que dirons-nous donc, grand Dieu, du livre ou plutôt de l'abominable roman du *professeur* Renan sur la *vie de Jésus* ? C'est une déclaration de guerre au christianisme et à Dieu lui-même ! Un publiciste a stigmatisé en quelques mots ce livre impie :

Nous doutons que M. Renan ait trouvé des arguments nouveaux et jusqu'ici sans réfutation. Mais son genre d'insolence est bien à lui, et il faut convenir que, dans la détestable foule qui hurle autour du Crucifié, il a un *Ave Rabbi* capable de faire bondir les cœurs que n'émeuvent plus les coups et les crachats.

Un journal italien, l'*Unità cattolica*, a dernièrement rappelé à ce sujet un fait monstrueux ; nous citons ses paroles :

Chose horrible à dire, mais pourtant vraie ! l'argent de la France avait servi à la composition de ce livre infâme ; car le Trésor impérial avait fourni à l'auteur plus de 60,000 fr. pour une expédition scientifique en Syrie dont le résultat fut ce livre audacieux de Renan. De Paris il se répandit partout, au milieu d'un frémissement d'indignation, c'est vrai ; mais Renan continuait à être professeur au collége impérial, et tandis que M. de Laprade était privé de sa chaire à Lyon, à propos d'une satire contre les *Muses d'État*, l'ennemi de Jésus enseignait, s'enrichissait, triomphait dans la capitale.

Un ancien capitaine d'artillerie, quoique professant la religion protestante et fils du trop fameux Fouquier-Tinville, conventionnel et régicide, ne put s'empêcher d'adresser au Sénat impérial, une pétition contre la licence effrénée de la presse démolissant la religion, la famille et le gouvernement lui-même.

La pétition fut discutée le 17 mars 1864, et le cardinal de Bonnechose en prit occasion pour stigmatiser l'impiété de Renan et l'insulte faite non-seulement à tous les catholique, mais même à ceux qui sont simplement chrétiens en France et dans tout l'univers. Dans la séance suivante du 18 mars, les sénateurs impérialistes demandèrent et votèrent le simple ordre du jour sur cette pétition. — Et l'*Opinion nationale* écrivait alors : « Qui a nommé Renan professeur d'hébreu au Collége de France? l'EMPEREUR. Et l'empereur connaissait Renan, connaissait ses idées; il connaissait suffisamment l'homme auquel il avait confié une mission scientifique en Syrie, pour être sûr qu'il n'enseignerait pas du haut de sa chaire d'autres idées que celles qu'il avait toujours manifestées [1]. »

Mgr l'archevêque de Smyrne nous a raconté qu'il était arrivé en Orient un bateau à vapeur chargé d'une quantité énorme d'exemplaires de cet abominable ouvrage.

[1] On peut voir dans le *Pays, journal de l'Empire*, l'énumération de tous les bienfaits que le chef de l'État a prodigués à M. Renan, *le protégé de Napoléon III*, qui a défrayé sur la cassette impériale les excursions scientifiques de l'auteur de la *Vie de Jésus*.

On lit dans l'*Univers*, avril 1868 :

Le haut enseignement est non-seulement anticatholique, non-seulement antichrétien, non-seulement antireligieux, il est formellement matérialiste et athée. Il l'est de plus en plus et avec intolérance. Les simples spiritualistes s'en plaignent comme les chrétiens; les simples savants, pour peu qu'ils ne soient pas atteints de cette manie d'antichristianisme qui tourmente la secte des professeurs officiels, réclament, autant que la crainte de l'impopularité le permet, contre cette conspiration antiscientifique non moins qu'antisociale. Dans les chaires qui se rattachent à l'étude de la médecine, il y a défense de croire en Dieu. Voilà le fait. On ne le conteste qu'en certaines occasions, on n'oppose que des dénégations dérisoires à l'abondance éclatantes de preuves qui constatent la profondeur du mal.

§ 3

Un commentaire du Syllabus

Qui pourrait compter tous les blasphèmes, toutes les impiétés dont sont remplis les journaux officieux sur le *Syllabus* et le concile du Vatican.

Quand on apprend au peuple à mépriser Notre-Seigneur Jésus-Christ et son Vicaire sur la terre, faut-il s'étonner qu'il ne respecte plus rien.

Voici un nouveau *Syllabus* ou catalogue digne de servir de commentaire au *Syllabus* doctrinal de Pie IX. C'est la liste de tous les régicides, et en gé-

néral de tous les attentats politiques consommés ou
seulement tentés depuis l'année 1850 jusqu'à nos
jours. Le *Syllabus* pontifical contenait l'énumération
des dangereuses erreurs auxquelles la société est en
proie; ce *Syllabus*, ou plutôt ce nécrologe, ne renferme que des faits, mais des faits qui sont la conséquence directe des principes détestables si justement
condamnés par le pape. A ceux qui niaient l'oppor-
tunité ou la valeur du premier document on pourra
désormais opposer le second. Après avoir touché du
doigt la plaie, nul ne pourra contester, sinon l'effica-
cité, du moins la nécessité du remède. On ne lira pas
sans un douloureux intérêt, sans une sorte de saisis-
sement, cette scène funèbre qui fait honneur à la
civilisation moderne.

On peut distinguer, dans l'histoire des gouvernements, trois périodes relatives au régicide et à l'assassinat politique : la période païenne, la période
chrétienne, la période révolutionnaire. Durant
le paganisme, le régicide et l'assassinat politique
triomphent. Romulus assassine Rémus, son propre
frère ; Brutus poignarde César ; Marcus étouffe
Tibère ; Choréas tue Caligula ; Stéfanus frappe Do-
mitien ; Unesthée égorge Aurélien. En un mot, suivant la remarque d'un auteur, « pendant deux mille
ans, le monde joue avec la tête des rois. »
Les plus sages, loin de s'affliger, applaudissent

aux régicides et aux assassinats. Cicéron, écrivant à Atticus, se réjouit de la *juste mort du tyran*, et se vante d'avoir conseillé l'assassinat de César (*Cæsarem meo consilio interfectum*) ; il appelle Brutus et Cassius non-seulement des héros, mais des dieux dignes d'une éternelle gloire (*non heroes sed dii futuri*), et établit cette thèse qu'il est permis de tuer les rois (*honestum est necare*).

Alors paraît le christianisme, qui entoure d'une auréole divine la tête des dépositaires du pouvoir; et aussitôt l'assassinat des princes cesse d'être une maladie endémique de l'humanité. « Que toute âme, dit saint Paul, soit soumise aux puissances supérieures, car il n'y a pas de puissance qui ne vienne de Dieu. » Saint Pierre dit : « Craignez Dieu et honorez le roi. » Aussi saint Polycarpe tient ce langage au proconsul : « Nous sommes instruits à rendre aux princes et aux puissances ordonnées de Dieu l'honneur qui leur est dû. » Et Tertullien : « Nous devons respecter l'empereur comme étant ordonné de Dieu. « Et saint Fulgence : « Nous gardons avec amour le précepte des apôtres, qui veut que nous obéissions aux rois. »

Pendant les trois siècles de persécution, il n'y a pas un seul chrétien qui attente à la vie d'un tyran. L'observation en a été faite par les encyclopédistes qui, à l'article *Christianisme*, se sont exprimés ainsi : « Il faut rendre cette justice au christianisme,

que, dans toutes les séditions qui ont agité l'espèce
humaine, il ne s'est pas trouvé un seul chrétien à
prendre part aux conjurations ourdies contre la vie
des empereurs. » Aux temps de Genséric et de Hu-
néric, les catholiques africains *résistèrent en souf-
frant*, ce sont les paroles du pape saint Gélase. Cons-
tance, persécuteur de la foi de Nicée, trouva dans
l'Église une fidélité inviolable. Nul chrétien n'attenta
à la vie de Julien l'Apostat. Et Valens, Justine, Zé-
non, Basilique, Anastase, Héraclius, Constant, eurent
beau tourmenter les fidèles, ceux-ci ne s'insurgèrent
jamais contre eux, parce que l'Église leur avait
élevé un trône dans le plus sûr de tous les abris,
la conscience, où Dieu lui-même a son trône.

Pendant le moyen âge, à l'époque où triomphent
les doctrines de l'Encyclique et du *Syllabus*, on rencontre très-rarement des régicides ; ceux-ci, en re-
vanche, réapparaissent après la Renaissance, quand
les études deviennent païennes ; ils couvrent l'Europe
après la Révolution et les principes de 89. C'est alors
qu'Élisabeth tue Marie Stuart, que Cromwell, avec
l'aide du Parlement, assassine Charles Ier, et qu'en
France, dans ce pays jadis célèbre par son amour
pour ses rois, Henri III tombe sous les coups d'un
misérable ; Henri IV meurt également assassiné, et
Louis XV est frappé d'un fer meurtrier.

Ce n'étaient encore que des préludes. La Révolution éclate et commence par déclarer les rois in-

violables. Bientôt la Convention tue Louis XVI ; une machine infernale et un stylet sont dirigés contre Napoléon 1er. Louis XVIII échappe par miracle à la balle d'un assassin ; le duc de Berry est poignardé, et Louis-Philippe, en dépit de toutes les libertés constitutionnelles, subit sept tentatives d'assassinat.

Bornons-nous à un simple catalogue des régicides tentés ou consommés depuis l'année 1850 seulement contre les souverains de toute catégorie, souverains absolus, constitutionnels, présidents de républiques ; souverains catholiques, protestants, athées, rois ou reines, dans l'ancien comme dans le nouveau monde.

La reine d'Angleterre. La reine Victoria peut compter quatre attentats contre sa vie. Le 28 juin 1850, elle reçut un violent coup de bâton d'un certain Robert Pate, lieutenant au 10e hussards, en retraite.

Le roi de Prusse. En mai 1850, le défunt roi de Prusse, montant en wagon, reçut à l'avant-bras droit un coup de pistolet d'arçon d'un calibre extrêmement fort; l'assassin Sefelage, de Wetzlow, cria, le coup tiré : *Vive la liberté !*

L'empereur d'Autriche. Le 18 février 1853, à Vienne, François-Joseph Ier fut frappé à la nuque d'un coup de couteau. Le meurtrier se nommait Libeny, d'Albe-Royale, en Hongrie, âgé de vingt ans, demeurant à Vienne, tailleur de son métier.

Le duc de Parme. Le 20 mars 1854, Ferdinand-Charles III, duc de Parme, revenant d'une promenade publique, fut heurté par un inconnu, qui, en le heurtant, lui donna dans le bas-ventre un coup de poignard, laissa le fer dans la plaie et prit la fuite. Le duc rendit le dernier soupir au bout de vingt-trois heures de cruelles douleurs.

La reine d'Espagne (une seconde fois). Le 28 mai 1856,

4

la reine Isabelle II, passant en voiture dans la rue de l'Arsenal, à Madrid, un jeune homme, nommé Raymond Fuentès, tira hors de sa poche un pistolet, et il s'apprêtait à le décharger contre Sa Majesté, si un agent ne se fût trouvé là, pour lui arrêter le bras et le désarmer.

Le roi de Naples. Le 8 décembre 1856, pendant que Ferdinand II assistait, à Naples, au défilé des troupes, un soldat, nommé Agésilas Milano, le frappa de sa baïonnette, et plus tard Garibaldi honorait la mémoire du régicide.

Napoléon III. Dans le mois d'octobre 1852, comme Napoléon, sur le point de devenir empereur, était à Marseille, on avait préparé une machine infernale formée de quatre tromblons de gros calibre et de deux cent cinquante canons de fusil chargés de 1,500 balles, et qui devait faire explosion d'un seul coup aux dépens de la personne du prince et de son cortége. Mais l'attentat ne fut pas accompli.

Napoléon III (une seconde fois). Le 5 juillet 1853, on chercha de nouveau à assassiner Napoléon III, comme il se rendait au théâtre de l'Opéra-Comique. Douze Français qui avaient pris part à la conspiration furent arrêtés. (Voir le *Moniteur* du 7 juillet 1853.)

Napoléon III (une troisième fois). Le 28 avril 1855, Jean Liverani, dans la grande avenue des Champs-Élysées, tirait deux coups de pistolet contre l'empereur des Français.

Napoléon III (une quatrième fois). En 1857, Tibaldi, Bartolotti et Grilli se rendent d'Angleterre en France, et vont à Paris pour y assassiner l'empereur; mais ils sont découverts, arrêtés, jugés et punis.

Napoléon III (une cinquième fois). Le 14 janvier 1858, Orsini, Gomez, Pieri et Rudio lancent des bombes homicides contre l'empereur des Français, et ensanglantent Paris, en tuant un grand nombre d'honnêtes citoyens [1].

---

[1] On lit dans le *Salut public* de Lyon :

« Il y a quelques jours, plusieurs journaux publièrent une sommation à comparaître lancée par une loge de l'Orient de Paris contre le R... F... Guillaume, roi de Prusse, comme traître à la franc-maçonnerie. Ce dernier n'a tenu aucun compte de cette assignation, il a donc été jugé

Napoléon III (une sixième fois). Le 24 décembre 1863, on arrête à Paris Grecco, Trabbucco, Imperatore, et Scaglioni, arrivés de Londres dans cette ville avec l'intention de tuer l'empereur des Français.

Le roi de Prusse. Le nouveau roi de Prusse, se trouvant aux bains de Baden, court péril de la vie dans la matinée du 14 juillet 1861. Deux coups de pistolet lui sont tirés par Oscar Becker, étudiant en droit à Leipzig. Le régicide déclare qu'il a voulu tuer le roi, « parce qu'il n'est pas capable d'effectuer l'unité allemande. »

La reine de Grèce. Le 18 septembre 1862, la reine de Grèce, qui, durant l'absence du roi, avait en main la direction des affaires publiques, revenait à cheval de la promenade et se trouvait près du palais-royal, lorsqu'Aristide Dousios, étudiant de 19 ans, lui tire un coup de revolver qui porte à faux.

Victor-Emmanuel II. En 1858, on attente aussi à la vie du nouveau roi d'Italie et le comte de Cavour fait à la Chambre des députés le récit de cet attentat, dans la séance du 16 avril.

Le cardinal Antonelli. Le 12 juin 1855, on tente de tuer Son Éminence comme elle descendait l'escalier du palais appstolique. Le meurtrier se nommait Antonio Defelici, chapelier.

Le président Lincoln. Le 14 avril 1865, au théâtre de Washington, Abraham Lincoln, président des États-Unis d'Amérique, est assassiné par un certain Booth.

---

comme contumace et condamné à l'excommunication. A ce propos, voici ce que nous lisons dans le *Rappel*, journal de M. Victor Hugo et organe aussi un peu de M. Louis Blanc :

« Frère Guillaume est désormais hors la loi. Les francs-maçons sont « tous autorisés à lui courir sus et à le punir du dernier supplice.

« Reste à savoir comment la sentence sera exécutée.

« Un franc-maçon, devant qui je me permettais d'émettre quelque « doute sur la gravité d'une pareille condamnation, me disait :

« — Ne riez pas! L'arrêt du tribunal maçonnique est si terriblement « terrible, que Bonaparte a entrepris la guerre d'Italie uniquement pour « se relever de l'excommunication prononcée contre lui par la loge de « Naples et de Milan. *Pianori et Orsini étaient francs-maçons !* »

L'empereur de Russie a essuyé un coup de feu à Paris, à l'époque de l'Exposition universelle.

Que serait-ce si nous ajoutions ici tous les autres assassinats politiques commis contre les principaux dignitaires des divers gouvernements? Quel horrible catalogue! quelle épouvantable civilisation! quel affreux progrès! Et toutefois, tant qu'on persistera dans les anciennes erreurs, le mal croîtra toujours, et de nouveaux régicides, de nouveaux assassinats s'adjoindront à cette liste déjà si longue. O peuples, ô rois, comprenez donc! ce n'est pas la démocratie qui vous sauvera, ni la liberté, ni la constitution, ni la république, l'Église seule peut vous sauver.

§ 4

Voltaire roi de Paris

Après avoir encouragé et aidé M. Renan à écrire son livre contre Notre-Seigneur, le gouvernement impérial a autorisé une souscription pour élever dans Paris une statue à Voltaire, l'ennemi le plus acharné de Jésus-Christ.

Le journal des *Débats* lui-même n'a pas pu s'empêcher de flétrir cet homme qui abusa si longtemps des dons de Dieu pour l'insulter :

La vie de Voltaire n'a été qu'un long scandale. Il me serait trop pénible de rappeler tant d'anecdotes honteuses, de révéler tant de turpitudes. — J'invoque le témoignage et la conscience de tous les honnêtes gens.

Jadis, les hommes de lettres étaient simples, paisibles, retirés, et plus occupés de la postérité que des intrigues du siècle. Voltaire en a formé un attroupement, une faction puissante et redoutable à l'autorité; il les a pour ainsi dire enrégimentés... Sa correspondance suffit pour juger qu'il avait le ton, le langage et le manége d'un conspirateur... Il aimait, dit-on, l'éclat des cours. C'est dommage que son goût fût en contradiction avec ses principes, puisque l'impiété et la débauche obscurcissent bientôt cet éclat. Sa philosophie devint excellente pour convertir les fêtes en deuil, les palais en prison, les arts en barbarie ; mais ce sublime philosophe aux yeux d'aigle n'aperçut pas cette grand vérité politique. Faut-il d'autres preuves de sa faiblesse que les mômeries et les mascarades continuelles qui ont déshonoré sa vie ? Je vois un homme reniant ses ouvrages, faisant des actes de religion, signant des professions de foi, tourmenté de la crainte des magistrats et de la police, un homme enfin toujours couvert de la peau du renard et du lion. N'est-ce pas là un poltron et un hypocrite ?

Dieu, qui est le grand personnage de toute histoire humaine générale ou privée, est visible aussi dans cette existence qui ne voulut être qu'un duel insolent contre lui. Dieu ne laissa pas plus de repos à Voltaire que Voltaire n'en prétendit laisser à Dieu.

Dieu le poursuit et le fustige sans relâche. Dieu aussi dit : Écrasons l'infâme ! Et il l'écrase de coups railleurs et injurieux. *Et ego ridebo et subsannabo!* Il lui donne la santé, l'argent, la gloire et la honte ; il le traîne dans les dépits, dans les rages, dans les hasards, dans les viles terreurs. Il n'y a point de

4

vie plus sottement malheureuse, plus dévorée d'igno-
bles soucis, plus remplie de déconvenues en tous
genres ; nul homme n'a plus mordu aux fruits de
Gomorrhe et n'y a trouvé plus de cendre et d'infec-
tion. Voltaire traverse le siècle en triomphateur, le
laurier sur la tête, et en criminel châtié, les verges
sur le dos. « La plupart du temps, son rire n'est
qu'une grimace de la colère et de la douleur, » dit
M. L. Veuillot.

C'est ce monstre d'impiété que Louis Napoléon
donne pour roi à Paris avant de tomber ignominieu-
sement à Sedan.

Voici à ce sujet de belles réflexions de M. Ma-
noury :

Paris a son roi. C'est Voltaire qui règne, gouverne et fait
des lois et les exécute ; plus absolue que les Bourbons et les
Bonapartes, il noie et fusille les citoyens et les généraux qui
lui déplaisent. Tout marche d'ailleurs à son gré ; ses deux
souhaits les plus chers sont accomplis : l'armée prussienne
est entrée dans la capitale de la France, et Dieu en est
chassé.

Il y a huit mois, l'érection de la statue de Voltaire étonna
le monde et souleva l'indignation de tous les chrétiens.
Mais on doit reconnaître aujourd'hui que c'était là un événement providentiel, je veux dire un de ces grands crimes
que Dieu permet de temps en temps pour châtier ses ennemis et pour instruire les peuples.

Il est bon que l'ennemi de Dieu préside, du haut de son
piédestal, aux malheurs de la France qui sont son ouvrage.
Il est bon que l'érection de ce bronze ignoble commence la
plus honteuse page de notre histoire. Le journal le *Siècle*

avait ouvert, depuis quelque temps, une souscription à cinquante centimes pour élever une statue à Voltaire. Ce n'était ni le poète, ni l'historien, ni le philosophe qu'on voulait honorer : Voltaire est pitoyable philosophe, médiocre historien, et ne tient que le second rang après nos grands poètes : mais il est l'ennemi du Christ, personne n'a tant et si bien raillé la religion chrétienne. Voilà pourquoi il mérite une statue.

La souscription, secondée par la presse impie, réussit à peu près. Des ouvriers, des bourgeois, les lecteurs du *Siècle*, les élèves de Duruy donnèrent leurs cinquante centimes, et un Voltaire fut fondu. Alors il s'agit de lui assigner une place honorable dans Paris. L'Académie française témoigna son approbation par l'organe d'un de ses membres les plus distingués. On vit, dès ce moment, que Paris aurait son Voltaire. Seulement il fallait choisir une occasion favorable qui donnât une haute signification à la cérémonie.

Après les désastres de Forbach, de Wissembourg et de Reichshoffen, pendant que Bazaine se sauvait dans Metz et que Mac-Mahon réunissait les débris de nos armées, le ministre Chevreau pensa que le moment était venu. Les hommages solennels qu'on rendait au poète qui avait autrefois chanté nos défaites et célébré la Prusse devaient nous consoler de nos malheurs. Ainsi donc, le 14 août 1870, le ministre de l'empereur fit dresser la statue de Voltaire sur un piédestal au milieu de Paris ; et le lendemain, fête de l'Assomption et de saint Napoléon, Voltaire apparut radieux.

Quinze jours après, il n'y avait plus d'empire, ni de Napoléon, ni de Chevreau ; on sait comment tout cela finit à Sedan. Vingt jours plus tard, une nuée de Prussiens, de Saxons, de Bavarois, de Hessois, de Wurtembergeois, de Hambourgeois, de Mecklembourgeois et de Badois investissait Paris : Paris était séparé de l'univers, et pour ainsi dire excommunié.

Depuis deux mois, Voltaire régnait sur son trône ; il décrétait, réglementait, expulsait les prêtres des ambulances et chassait les crucifix des écoles. Pendant ce temps-là, les Parisiens, ses sujets, mangeaient leurs chevaux ; bientôt ils mangèrent leurs chiens, leurs chats, etc.

Dans cette détresse, ils organisent une procession. Est-ce qu'ils se souviendraient de saint Denis, leur apôtre. Vont-ils implorer sainte Geneviève, leur patronne, qui jadis sauva leurs pères des fureurs d'Attila, ou bien vont-ils se jeter, dans Notre-Dame, aux pieds de la sainte Vierge, et lui rappeler qu'un vœu de Louis XIII lui a consacré le royaume de France ?

Non, ils promènent dans les rues Voltaire couronné de lauriers ! Voltaire les récompense en leur donnant de la paille à manger.

A la fin, n'ayant pu rompre la barrière prussienne, malgré la bravoure des soldats provinciaux qui se battent comme des lions, Paris, mourant de faim, abandonne ses forts, ses remparts, ses canons pour un morceau de pain. Mais il conserve toujours son roi Voltaire. Aussi l'histoire de ses calamités n'est pas finie.

La justice de Dieu, dit Mgr l'évêque de Nantes, passe sur la France comme une tempête, renversant toutes nos prospérités, humiliant toutes nos grandeurs, creusant des abîmes, accumulant les ruines, jetant partout la stupeur et l'effroi ; qui pourrait le méconnaître ? Les événements ne sont-ils pas en dehors des proportions humaines? Leur grandeur, leur soudaineté, leur irrésistible puissance, ne révèlent-elles pas manifestement Celui qui se moque des complots les mieux ourdis et des plus formidables conjurations, le Dieu infiniment sage et infiniment fort, contre qui il n'y a ni prudence, ni conseil.

Oui, c'est Dieu qui passe en châtiant son peuple. C'est Dieu qui se révèle à nous dans sa justice. La voix que nous entendons tonner, c'est bien la sienne, la voix pleine de majesté qui brise les cèdres et fait trembler la terre. Le bras qui s'appesantit sur nous, c'est bien le sien, le bras invincible auquel rien ne peut résister, le bras terrible dont la Vierge de la Salette disait il y a vingt-quatre ans : « Le bras de mon Fils est devenu si lourd que je ne puis plus le soutenir. »

Vous connaissez l'incomparable cantique de Moïse : « Ils ont péché contre Dieu ! Race dépravée et perverse, c'est donc là ce que tu rends au Seigneur, ton créateur et ton père ! Souviens-toi des jours anciens. Quand le Très-Haut divisait les nations, il a choisi Jacob pour son héritage, il t'a fait son peuple. Il t'a conduit et il t'a instruit, il t'a gardé comme la prunelle de ses yeux. Comme l'aigle qui provoque ses petits à voler, il a étendu ses ailes et il t'a pris, et il t'a porté sur ses épaules. Il t'a établi dans une terre fertile et abondante... Et le peuple bien-aimé, après s'être engraissé des bienfaits de Dieu, s'est révolté contre lui... Il s'est fait des dieux nouveaux, des dieux que ses pères ne connaissaient pas, et il les a adorés.

« Le Seigneur a vu, et son courroux s'est ému... Il a dit : Je leur cacherai ma face... Ils m'ont opposé des dieux qui n'en sont pas : et moi je leur opposerai et j'enverrai contre eux un peuple qui n'est pas le mien. J'assemblerai sur eux les calamités et j'épuiserai sur eux mes flèches. Les insensés ! Que n'ouvrent-ils les yeux et que ne comprennent-ils ! S'ils ont été misérablement vaincus, n'est-ce pas parce que Dieu les a vendus et que Dieu les a enfermés ?... O fils dénaturés et ingrats, où sont les dieux en qui vous aviez mis votre confiance ? Qu'ils se lèvent pour vous secourir !... Sachez-le, je suis seul et il n'y a pas d'autre Dieu que moi. Moi, je donne la mort et je donne la vie ; je frapperai et je guérirai, et nul ne peut se soustraire à ma puissance. Je lève ma main vers le ciel et je dis : Je vis dans l'éternité. »

De quel peuple parle Moïse, dans ce cantique des sévérités divines ? Il parle du peuple d'Israël ; mais en vérité, n'est-ce pas aussi notre histoire qu'il a prophétiquement racontée ?

La France aussi est le peuple de Dieu. Elle est la fille aînée de son Église. Avec quel amour il l'a formée et gardée ! De quels périls il l'a sauvée, et par quels miracles !

Quelle histoire il lui a faite : De quels diadèmes il l'a cou-
ronnée ! De quel triomphal cortége de grands hommes il l'a
environnée dans sa marche à travers les siècles ! Quels rois,
quels capitaines, quels magistrats, quels orateurs, quels
poètes, quels saints surtout ! Il lui a prodigué toutes les
prospérités et toutes les gloires. Et la France ingrate l'a
trop souvent oublié et délaissé. Elle a bu aux coupes impures
de l'impiété et de la volupté ; elle s'y est sacrilégement
enivrée ; et à certaines heures de vertige, elle a essayé d'effacer de son noble front les traces du baptême que lui a
conféré saint Remi. Et Dieu, qui la châtiait d'une façon si
terrible, il y a quatre-vingts ans, s'est levé de nouveau pour
venger son amour outragé.

Nous le demandons, que sont devenus les dieux que nous
lui avons substitués ? Nous comptions sur nos hommes
d'État, sur nos armées, sur notre fortune, sur notre commerce, sur notre industrie, sur notre civilisation si opulente
et si raffinée. C'étaient, pensions-nous, autant d'inexpugna-
bles remparts derrière lesquels nous nous abritions pour
jouir et blasphémer à l'aise. *Ubinam sint ?* Où sont-ils ? En
quelques jours, que de déceptions et de ruines amoncelées !
Quels immenses périls et quelles poignantes angoisses ! Ah !
bon gré mal gré, il faut bien le confesser maintenant : « Il
n'y a point d'autre Dieu que notre Dieu. Il est le seul maître,
et il vit dans l'éternité ! »

Dieu nous châtie, c'est évident. Et, laissez-nous vous le
faire remarquer, afin que son action vous soit plus manifeste :
les rigueurs de sa justice répondent mot à mot, si nous
pouvons ainsi dire, à nos iniquités et à nos crimes.

Ce mois de septembre, rempli de tant de désolations et de
catastrophes, est le mois des sacriléges injustices auxquelles
beaucoup d'entre nous ont lâchement connivé ou follement
applaudi.

Étrange coïncidence ! les chutes suprêmes ont répondu
aux grands attentats ; le siége de Paris a commencé aux
jours où se faisait celui de Rome.

Toutes les armes dont nous nous sommes servis contre le

droit et la justice se sont retournées contre nous. Pas un des faux principes, pas une des perfides maximes, dont nous avons couvert nos complaisances pour les spoliateurs de l'Église, qui ne serve maintenant à nous infliger les humiliations et les désastres inouïs, sous lesquels il nous faut bien courber nos têtes trop longtemps superbes.

§ 5

La statue de Voltaire avariée

Nous trouvons dans l'*Univers* du 10 juin les lignes suivantes sur la statue de Voltaire, avariée par les communards :

Le *Siècle* raconte pieusement les disgrâces de son Voltaire, « beaucoup éprouvé par les projectiles. » La rédaction est solennellement drôle :

« Un boulet plein, dirigé sans doute contre la barricade postée à 500 mètres environ de la statue, l'a frappée à la hauteur des bras et l'a traversée de part en part. Un éclat d'obus a rayé le bras du fauteuil *sur lequel est assis le patriarche de Ferney*. Le piédestal, *lui aussi*, a souffert. On *assure* que les dégâts occasionnés par la canonnade pourront être réparés, et qu'*à l'aide de ciment* on pourra *boucher les trous* de façon à rendre son aspect primitif à ce *monument*. »

Le *Siècle* se chargera probablement de réparer les dommages qu'il signale. C'est lui qui a monté « le monument, » c'est à lui de le tenir en bon état. La République ne manque pas d'autres trous à boucher.

Du reste, en raison de l'origine de la statue et des circonstances mémorables qui ont suivi son érection, nous croyons qu'il serait à propos d'enlever ce zinc estropié, et de procéder à son enterrement civil, dans le prochain égoût.

Pour la statue de Voltaire, Joseph de Maistre voulait la main du bourreau. Il ne s'en est pas fallu de tant! On y a vu celle du prince des cacographes assisté de plusieurs milliers d'imbéciles, et tous ont eu fortement sur les doigts et ailleurs. Quelles patoches, quelles taloches, quels coups de fouet tombant partout!

Certes, la ville de Paris n'oubliera pas ses noces avec Voltaire, le festin de cheval, le concert d'artillerie, l'entrée des parents de Prusse, la ronde bellevilloise, le bouquet versaillais, la carte à payer!...

Puisque enfin la triste épousée a pu chanter le couplet final : *Allez-vous-en, gens de la noce!* ce serait le moment d'appeler le balayeur et de lui confier les restes du Voltaire cassé. Voilà, selon nous, où l'on pourrait employer le bourreau, par manière de distinction et pour rendre un dernier hommage à celui que le *Siècle* nomme toujours le patriarche de Ferney. Le bourreau vient quelquefois place de la Roquette, c'est dans le quartier. A son retour, il prendrait cela, et il ferait ce qui convient.

Telle est notre idée, à nous. Ce n'est pas que nous y tenions, et l'idée du *Siècle*, qui consiste à boucher les trous, peut se trouver meilleure. En somme, Voltaire commence maintenant à prendre sa beauté. Il devient sérieux, et il sied dans Paris non moins que les demoiselles Carpeaux[1]. Les demoiselles Carpeaux font voir si nous savions danser, le Voltaire-Havin, que l'on peut nommer aussi le Voltaire-Napoléon, fait voir si nous savions rire. Il n'est pas seulement monument, mais document, « pièce à conviction, » disent les gens de justice.

---

[1] Allusion à un groupe très-indécent sculpté par M. Carpeaux et placé sur le Nouvel-Opéra à Paris.

VI

PARIS BRULÉ

§ 1

La capitale de la Révolution

Depuis que Paris avait vu, pendant l'Exposition universelle, tous les princes et les rois de l'Europe accourir dans son sein pour contempler ses merveilles, cette cité superbe se regardait comme la maîtresse des nations et la reine de la civilisation.

Elle était assise, la grande ville. sur les rives de son fleuve. Elle étalait avec orgueil ses splendides monuments ; elle dilatait ses larges rues, pour donner accès à la foule immense de ses habitants et de ses hôtes. Le bruit de ses fêtes retentissait dans toute l'Europe ; de toutes parts les marchands affluaient dans son sein. Tranquille au milieu d'une prospérité inouïe, elle se confiait dans sa force et se vantait d'être la capitale du monde.

Hélas ! elle était en effet la capitale du monde, mais de ce monde hostile à Jésus-Christ et maudit par lui ; de ce monde, qui a pour prince l'archange déchu, *princeps mundi*. Que lui importait Dieu ? Les églises, comme les théâtres, n'étaient pour elle qu'une parure, dont elle tirait vanité, saus nul souci de la gloire du Maître. Si quelques âmes d'élite consolaient par leur piété fervente le cœur attristé de Notre-Seigneur, c'était un cri étouffé au milieu des blasphèmes bruyants d'une multitude sans pudeur et sans frein. Plus de repos du dimanche ; absence de tout culte extérieur pour le grand nombre ; dévergondage cynique dans les théâtres, dans les lieux publics, même dans les conversations ; libertinage effronté, mépris insultant et railleur des choses les plus respectables ; enfin, de cette source féconde pour l'empoisonnement, sortant chaque jour par centaines de mille, des feuilles saturées de licence et d'impiété, Oh! oui, Paris était la capitale *du monde, « princeps mundi ! »*

Mais ce n'est pas en vain qu'on bannit Dieu d'une cité, qu'on lui refuse les honneurs auxquels il a droit. Il se détourne à son tour, et quand Dieu se détourne, c'est le trouble et la confusion, *avertente le faciem, turbabuntur*. Paris n'est devenu athée que pour devenir ingouvernable. Depuis un siècle, cette grande ville est en anarchie, en ce sens qu'elle n'a reconnu d'autre autorité qu'elle-même. Elle a toléré les maîtres qui lui donnaient par leur présence gloire et richesse : elle n'a jamais respecté ni leur personne, ni leur pouvoir ; jamais elle ne s'y est soumise. Elle s'est laissé flatter, et elle a courbé la tête, mais comme la bête fauve, qui gronde encore sous la main qui la caresse. Elle a eu des moments de fureur, des secousses terribles. Les gouvernements qui ont cru pouvoir se départir de leur système de concession à outrances ont vu se dresser la révolte menaçante. 1830, 1848, 1871, dates fatales qui s'enchaînent et qui s'appelaient l'une l'autre! Mais nulle insurrection ne révéla jamais autant que celle dont nous venons d'être témoins ce qu'il y a de violence et de férocité dans le mépris de l'autorité et la haine de l'ordre, dans la Révolution.

Paris, capitale *du monde*, n'a été en effet que la tête de la Révolution. De là les sympathies ardentes des révolutionnaires, quels qu'ils fussent; de là cette réserve inquiète des gens d'ordre, qui ne pouvaient aimer, comme ils l'eussent voulu, une capitale funeste au pays tout entier, de là ces pressentiments d'une ruine inévitable, qui prenaient leur source dans un jugement de raison éclairée, tout autant que dans des rumeurs prophétiques, plus ou moins accréditées. Quand la définition de l'immaculée Conception vint ouvrir l'ère des espérances chrétiennes, comment attendre un meilleur avenir, si le génie tortueux du mal n'était pas vaincu? Et comment vaincre le génie du mal sans lui écraser la tête? *Et Ipsa conteret caput tuum.*

Paris (et par là nous entendons l'esprit dominant de cette malheureuse cité), dans le désastre suprême auquel nous venons d'assister, a semblé d'ailleurs prendre à tâche de montrer qu'elle en voulait à Dieu lui-même, et qu'elle bravait l'autorité jusque dans son principe. Qui expliquera autrement les colères sacriléges, le pillage des églises, la profanation des sanctuaires les plus vénérés, l'emprisonnement des prêtres et des religieuses, l'assassinat d'un archevêque ? Cette révolte restera marquée du propre cachet de la Révolution, la haine jalouse du souverain Maître, qui est Dieu.

Dieu aurait pu se venger avec éclat, et user de son tonnerre. Il lui a suffi d'abandonner avec dédain la Révolution à ses propres fureurs, et Paris, pour s'être trop identifié avec elle, présente aujourd'hui ses ruines fumantes et ensanglantées. Du moins, en face de cette grande leçon, les hommes sauront-ils comprendre ? Il y a longtemps que l'Église, par ses organes les plus autorisés, dénonce dans la Révolution un redoutable esprit de destruction. Tant que la destruction n'a menacé que l'édifice de nos croyances et la sainte constitution de l'Église, le scepticisme contemporain ne s'est pas ému. Il a semblé réfléchir, quand la dernière guerre révélant nos plaies vainement dissimulées, a laissé voir, dans toute sa triste réalité, la décomposition sociale qui a gagné notre malheureux pays. Mais il est facile encore à la légèreté et à l'orgueil de le détourner de ces leçons qui demandent pour saisir l'esprit, qu'il s'applique à les entendre. Se rendra-t-on, maintenant que l'incendie de Paris projette à son tour ses clartés sinistres et qu'il parle aux yeux en même temps qu'à l'entendement? Hélas! si, aveugles volontaires, nous nous obstinons à ne pas voir, à quoi devons-nous nous attendre? Et quel châtiment pourra nous amener à confesser que l'abandon de Dieu est une source inépuisable de maux et d'amertumes. Faudra-t-il que la Révolution s'attaque directement à chacun de nous et que la destruction arrive jusqu'à nos propres demeures [1].

§ 2

Malheur à toi grande ville

En voyant la prospérité croissante de Paris, les peuples étonnés se demandaient si le ciel était décidément vaincu par cette nation superbe, la seule qui ait osé essayer de se passer de Dieu pour se constituer. Tout à coup des écroulements inouïs depuis les jours de Gomorrhe et de Babylone ont retenti : *les nations étrangères ont fait irruption dans notre héritage ; elles ont répandu notre sang comme de l'eau autour de nos cités ; nous sommes devenus un sujet de dérision pour nos voisins ;* et la France, qui ne peut être médiocre, même dans l'infortune, a subi des désastres trop en dehors

[1] *Semaine de Cambrai.*

des proportions naturelles, pour qu'ils ne soient pas un châtiment surnaturel.

Cependant l'orgueil, les convoitises, les impiétés de Paris dressaient encore la tête contre le ciel, tandis que la patrie pleurait sur ses ruines. A une heure sinistre, les malfaiteurs de cette capitale ont déployé contre Dieu et contre la France un courage qu'ils avaient moins prodigué en présence de l'ennemi. Une fois Dieu et le patriotisme bannis de leurs âmes, une sorte de possession infernale les a occupées. Alors on a vu une puissance diabolique se déclarer dans la mesure et dans le nombre des crimes. A défaut de grands hommes, le satanisme a produit des héros légendaires de l'assassinat et de la destruction; et ce que l'Écriture raconte de la malice des anciens géants, ce que l'Apocalypse prédit des cruautés de l'Antechrist s'est vérifié dans les débauches sanglantes de la démagogie [1].

Déjà depuis longtemps, des hommes sérieux, des voyants annonçaient que Paris subirait un grand châtiment, que la capitale de la France serait éprouvée par le feu. On se moquait des frayeurs de ceux qui nous montraient à l'horizon les éclaires lugubres, prélude de l'ouragan qui a tout emporté. Notre civilisation n'était-elle pas trop perfectionnée, pour qu'elle pût jamais sombrer dans un abîme? Que nous

[1] Mgr l'archevêque de Toulouse.

parlait-on de 93 ? Nos mœurs étaient trop adoucies,
nos esprits trop cultivés, nos idées libérales trop élevées, pour que les jours de 93 pussent renaître.

Une invasion de barbares était là, prête à s'étendre
sur nos demeures, sur nos palais, sur nos musées,
sur nos monuments publics, et tous ces hochets d'une
civilisation brillante et factice nous rassuraient contre
le danger !

Quelle ne fut pas la stupéfaction et la terreur qui
remplit toutes les âmes, quand le télégraphe avec
son laconisme effrayant nous transmit cette terrible
nouvelle :

*Le Louvre et les Tuileries brûlent ! Les insurgés y ont mis
le feu avec du pétrole !*

Cette nouvelle, à peine connue à Lyon, dit le *Salut*, s'est
répandue dans le public comme une traînée de poudre, et
elle a causé une impression de colère et d'horreur qui
rejaillit sur les sycophantes de la conciliation, sur les politiques à double face qui, obligés de courber la tête devant
Versailles, se vengent en réservant pour l'insurrection impie et sauvage du 18 mars leur tendresse et leur dévouement.

Les Tuileries et le Louvre incendiés ! Mais c'est la France
frappée au cœur ! C'est Paris découronné ! C'est la haine
aveugle et brutale de la Commune s'attaquant aux monuments qui faisaient notre gloire et notre orgueil. C'est la
guerre par le feu. C'est l'impuissance de détruire l'ordre
social se retournant contre les œuvres d'art que l'Europe
nous envie !

Jamais les insurgés, exaltés par l'ivresse et la fureur,
n'auront rien imaginé de plus douloureux pour des âmes
françaises.

Érostrate, Omar, les Vandales !... tout ce monde-là est

dépassé. Il ne s'agit plus du pillage par les ennemis. Ce sont des mains françaises qui ont ravagé les richesses artistiques et les monuments de Paris. Il fallait que les misérables, qui ont organisé le vol et le massacre sur une vaste échelle, couronnassent leur criminelle existence par l'incendie. Ils étaient jaloux des Prussiens, et ce que nos plus cruels adversaires n'auraient jamais osé accomplir ils l'ont tenté de sang-froid et avec la satisfaction du devoir accompli.

Ils ont emprunté à la tactique prussienne une méthode rapide de destruction. Le pétrole a fait son œuvre méthodiquement et savamment.

Se battant avec la rage du désespoir, les insurgés ont opposé sur tous les points une résistance de bêtes féroces. Nos soldats ont dû faire le siége et donner l'assaut à toutes les maisons, à tous les monuments dans lesquels ces insensés, hommes et femmes, s'étaient embusqués, faisant pleuvoir la mort de tous côtés.

Les misérables, ils ont fait de Paris un nouveau Saragosse. Alors que la troupe, à force d'héroïsme, les chassait d'une position et resserrait ainsi les cercles de fer et de feu qui devaient les écraser, ces bandits, d'une main sacrilége, portaient la torche de l'incendie aussi bien dans les monuments publics que dans les maisons particulières. Paris flambait partout.

Nos chefs-d'œuvre de sculpture et d'architecture, ces gloires immortelles de la France s'effondraient et s'abîmaient à tout jamais dans un océan de feu, en même temps que nos grands et magnifiques magasins, pleins des merveilleuses richesses du progrès, du travail et de l'industrie.

Le Louvre, brûlé depuis les Tuileries jusqu'au pavillon de Rohan, est peu endommagé dans ce pavillon même (qui est celui de la Bibliothèque). Plus loin, il est réduit *intus et extra* au même état de destruction que les Tuileries, qui ne se relèveront probablement jamais de leurs ruines.

Quant à la destruction du palais du ministère des finances, c'est l'idéal de l'incendie. La pierre même a brûlé. Elle est en grande partie convertie en chaux. Toute la façade est effondrée, à l'exception d'un pan de mur, où l'on contemple avec surprise une croisée munie d'un grand store bleu flottant, que n'a pas mordue une seule flammèche.

Toute une aile des ateliers du chemin de fer Paris-Lyon-Méditerranée est consumée. Les murs dressent en l'air leurs pans calcinés, dans l'enceinte desquels les outillages bizarrement déformés par les flammes, forment un inconcevable enchevêtrement d'engrenages, de volants, d'arbres de couche, de tours et d'alésoirs.

Sur la rive gauche, le foyer principal se trouve entre la Halle aux vins et la gare d'Orléans. Les vastes approvisionnements d'alcool et les dépôts d'huile de pétrole du Jardin des plantes fournissent des matières terribles à l'incendie. A chaque instant, d'immenses jets de flammes, dont la lumière du soleil n'empêche pas l'éclat, s'élèvent du brasier jusqu'à une hauteur prodigieuse et des flots accumulés de fumée épaisse forment une vaste colonne qui s'étend jusqu'à Versailles. Des détonations successives se font entendre. C'est le bruit du canon ou le fracas prolongé des explosions.

Mais cela n'est qu'un prologue. C'est en arrivant à la place de la Bastille que le vrai spectacle se dévoile. Toutes les voies qui aboutissent à cet immense espace y versent des cataractes de ruines et de scories, si j'ose ainsi m'exprimer. On se croirait au centre du cratère d'un volcan éteint. Au milieu se dresse la colonne de Juillet, brûlée aussi (car les insurgés avaient fait de son fût une colossale torche à pétrole). Elle est hideuse et grotesque. Criblée de trous de mitraille et d'obus, noircie, bossuée, déformée, elle a l'aspect d'un vieux tuyau de poêle. La flamme fuligineuse a *culotté* son Génie de la liberté, cette effrontée et significative statue, qui a volé sa pose au Mercure de Jean de Bologne (volé le dieu des voleurs !) et qui tient à la main une torche allumée...

A gauche, tout le long du quai du Canal et sur une étendue de près d'un kilomètre, fument les débris de l'arsenal et du grenier d'abondance.

L'incendie de ces établissements a anéanti des denrées pour plus de soixante millions. Des tas de blé et de farine de plusieurs centaines de mètres cubes, des montagnes de café, etc., achèvent encore de se consumer. Hier, j'ai vu des tourbillons de fumée et d'étincelles jaillir des ruines de l'ancien grenier d'abondance.

On écrivait de Paris, le 26 mai, au *Journal de Lyon*, organe des républicains libres-penseurs :

Cette horreur et cet effroi que les habitants de Pompéies éprouvèrent sous l'éruption subite des cendres et des laves du Vésuve, la population de Paris les ressent à cette heure. Pas un quartier qui ne se sente menacé par le péril, pas un habitant qui n'ait à redouter le feu et la mort. L'idée de Paris détruit et anéanti, cette idée que l'imagination n'eût osé concevoir, nous la voyons se réaliser sous nos yeux. Les Tuileries, le palais du quai d'Orsay, tant de monuments, d'hôtels et de maisons fument encore, que les flots de flammes et de fumée s'élèvent à l'horizon dans la direction du grenier d'abondance et de l'entrepôt des vins. A peine vient-on de faire l'horrible part du feu dans une rue, que l'incendie se déclare plus loin. Une main invisible semble agiter la torche sur tous les toits et au fond de toutes les caves de Paris. On arrête des femmes et des enfants au moment où ils lancent le pétrole et l'étoupe enflammée. Des fils électriques communiquant à des mines sont coupés de tous côtés. Avant-hier, M. Daru trouve dans ses appartements des caisses d'une sorte de graisse qu'une allumette met en feu. Des buttes Chaumont, les insurgés tirent à pleine volée avec des bombes à pétrole. Ce que Catilina n'avait pu que concevoir à Rome, les Pyat, les Delescluze, les Grousset l'accomplissent à Paris : ils veulent que la grande cité ne soit plus s'ils ne sont les maîtres.

Nous les jugions naguère comme des fanatiques d'ambition : mais aujourd'hui nous n'avons pas le moyen de les

définir. La rage brutale et furieuse d'une bête fauve s'achar-
nant à sa proie, la déchirant et la dévorant à plaisir, ne
nous fournit pas de terme suffisant de comparaison. Rien
dans l'histoire ne nous a laissé le souvenir d'une cruauté
et d'une sauvagerie poussées à ce point. Combien d'années
a-t-il fallu pour que les organisateurs de cette orgie criminelle aient préparé, organisé et combiné tous ces éléments
dépravés? car ce ne peut être dans l'espace de deux mois
seulement que ces passions de plusieurs milliers d'individus
ont été excitées et allumées jusqu'au délire. Il y a longtemps
que cette œuvre formidable était étudiée dans tous ses détails. Tous les sentiments de convoitise qui s'agitent dans
les bas-fonds de la société ont été surveillés dès l'origine,
irrités peu à peu, poussés à bout avec une habileté et une
ténacité infernales. On n'a point dit aux déclassés de toutes
conditions : « Travaillez pour vous faire une place au soleil.»
— On n'a point dit aux classes ouvrières : « Le travail mène
à tout. » — Aux déclassés on a dit : « La jouissance que le
travail ne vous donnerait pas, vous pouvez vous l'assurer
par un coup d'audace, avec l'incendie, le pillage et l'assassinat. » — Aux classes ouvrières on a dit : « Il vous suffit
de vouloir pour posséder en un jour tout ce qui vous coû-
terait tant à acquérir. Osez frapper, et vous serez les maîtres. » — Ces exhortations ont été développées sous toutes
les formes et par tous les moyens [1]. Le journal, le club, les

---

[1] Le projet de faire sauter Paris et de le brûler plutôt que de le rendre était arrêté depuis longtemps dans l'esprit de la plupart des membres de la Commune. Cela résulte, ainsi que le constate la *France*,
d'abord de l'aveu des prisonniers interrogés à Satory, et ensuite de détails rétrospectifs qui nous reviennent en mémoire.

« Nous nous rappelons, dit ce journal, un odieux article de Vallès, qui
annonçait cette sauvage résolution de défendre Paris par *tous les
moyens,* et qui se terminait ainsi : « M. Thiers, qui est chimiste, nous
« comprendra. »

Dans les premiers jours d'avril, le commandant d'artillerie qui, en
dépit des réclamations et de la terreur des habitants du quartier, faisait
établir une batterie au Trocadéro, avec la folle prétention d'atteindre
le Mont-Valérien, disait tout haut : « Les quartiers des réactionnaires
sauteront tous. Nous n'en épargnerons pas un seul. »

Enfin, la formidable organisation du corps des *pétroleurs,* à la for-

grèves, la société secrète ont agi de concert pour inculquer ces idées malfaisantes. Et le jour est venu où ce qui n'était que l'utopie est devenu possible.

On écrit au même *Journal de Lyon* une lettre de Paris en date du 27 mai, dans laquelle nous prenons le passage suivant :

Paris vient de passer une terrible nuit. Il semblait cette fois que le feu fût maître de la ville entière. L'horreur des dernières nuits était dépassée. L'entrepôt des vins, les docks de la Villette, les ateliers de la Compagnie de l'Est, à Charonne, brûlaient en même temps que d'affreux tourbillons de fumée s'élevaient du grenier d'abondance, près de la Bastille, du Palais de justice et de l'Hôtel de ville.

Les batteries de Montmartre bombardaient les buttes Chaumont et Belleville, d'où les insurgés répondaient en lançant sur la ville leurs bombes à pétrole. Le ciel était en feu aussi loin que la vue peut s'étendre, et la fumée était intense. On ne vit jamais rien d'aussi fantastique. L'imagination de Milton ne créa rien de pareil. Savonarole prédisant la dévastation de l'Italie ne conçut rien de plus affreux. Oui, vraiment, ils ont été de formidables artistes, les disciples de Delescluze et de Pyat. On n'avait voulu prendre au sérieux ni Vallès annonçant la ruine de Paris, ni Grousset réclamant pour la révolution le droit d'employer les plus terribles moyens de destruction, ni Gaillard père formant des bataillons de pétroleurs et de pétroleuses. Ils ont prouvé qu'ils étaient fort sérieux, et ils se sont montrés d'autant plus terribles qu'ils avaient paru longtemps plus grotesques.

mation duquel avait présidé Gaillard père, ce déploiement d'habileté cynique et sauvage, qui a enrégimenté pour allumer les incendies et les activer jusqu'aux femmes et aux enfants, qui faisaient manœuvrer des pompes remplies de pétrole, ne prouvent que trop qu'il y a eu là une machination diabolique ourdie de longue main.

Chaque matin, on espère voir se terminer dans la journée cette effroyable lutte contre une armée d'assassins et d'incendiaires.

Quelque nouvel incident va-t-il aggraver la situation? Tant éprouvés que nous soyons, il faut prévoir encore pis. Depuis six mois, la crise n'a jamais cessé de s'aggraver. Le lendemain s'est toujours montré plus pénible et plus triste que la veille. La ville est pleine de feu, de ruines et de cadavres.

Est-ce la fin ou faut-il attendre une suite? Attendons. Mais, à coup sûr, rien ne peut plus surprendre ceux qui ont vu ce que Paris a vu. Et quoi qu'il arrive, fût ce la terre s'entr'ouvrant pour engloutir les monuments et les quartiers, on n'éprouverait point ici un sentiment de terreur plus profond.

Nous assistions des hauteurs de Montretout au spectacle terrible et grandiose de ce suicide forcené.

Frappés de stupeur, incrédules, nous regardions ondoyer lentement, puis s'évanouir dans le ciel profond ces longues spirales de flammes, qui emportaient au néant les restes consumés de cette cité magnifique, tout à l'heure encore reine du monde. Tous nos vieux souvenirs d'école, les métaphores ampoulées des rhéteurs, les lieux communs à la Sénèque sur la ruine des villes, — mortelles comme les hommes, bien qu'elles comptent par siècles, au lieu de mesurer leur vie par années. — tout cela nous revenait à la mémoire en cette nuit tragique, où chaque seconde semblait vouloir dévorer à elle seule ce qui eût suffi à l'appétit destructeur d'une éternité.

Jeudi soir.

Aujourd'hui comme hier, Paris est encore un brasier. Quand on a dépassé le Ministère des affaires étrangères et le Cercle agricole, tous deux perforés et écorchés par les obus, on rencontre la Légion d'honneur complétement effondrée. Les statues sont encore debout autour de sa gracieuse coupole, et, entre les traces de fumée, on aperçoit quelques débris de ces jolis bas-reliefs qui représentaient les travaux des champs.

On a entassé dans la cour les meubles des maisons voisines, qui ont également été détruites. Les archives de la Cour des comptes n'existent plus. Le palais du Conseil d'État forme un foyer formidable. Les lourdes poutres, les grosses colonnes, les arcades surchargées sont tombées pêle-mêle et étouffent de leur poids un brasier qui crépite encore.

Nous avons vu s'effondrer l'hôtel de Pommereu. Quant à l'hôtel qu'habitait le marquis de Villeneuve, au coin de la rue de Poitiers, il n'est plus qu'un monceau de ruines. La caserne du quai d'Orsay brûle sans qu'on s'occupe de l'éteindre; on n'y fait guère attention à côté des monuments ses voisins. L'horloge marche encore. La Caisse des dépôts et consignations a dû être particulièrement arrosée de pétrole. La pierre neuve a des teintes noires et or qui lui donnent un aspect fantastique.

En face de ces désastres se dresse comme un fantôme ce palais qui fut les Tuileries. La vieille partie prolonge encore une ligne digne et sereine et le dôme du milieu s'est effondré sans porter atteinte à la netteté des colonnes et des corniches. Au contraire, le nouveau pavillon de Flore paraît s'être torturé et révolté dans son désastre.

On écrivait de Paris, le 27 Mai, au journal l'*Univers*, qui paraissait alors à Versailles, les détails suivants que l'on nous permettra de citer, quoiqu'ils renferment des redites. On verra que les journaux de toutes les opinions sont unanimes sur l'immensité de la catastrophe :

Hier, nous n'avons pu voir que du dehors le lugubre spectacle de l'incendie de Paris ; des renseignements particuliers nous permettent de donner aujourd'hui quelques détails.

La catastrophe est immense : la moitié de Paris brûle. C'est dans la nuit du 23 au 24 que les insurgés, en abandonnant les barricades de la place de la Concorde, ont mis le feu, sur la rive gauche de la Seine, au palais de la Légion d'honneur, au palais du Conseil d'État et de la Cour des comptes, aux bâtiments de la Caisse des dépôts et consignations, et, sur la rive droite, à l'hôtel du Garde-Meubles de la Couronne, au Ministère des finances, au Crédit foncier, au Palais-Royal et aux Tuileries.

Des hommes, à l'aide de pompes ou avec de larges pinceaux, couvraient d'huile de pétrole les monuments voués aux flammes ainsi que les maisons voisines, d'autres venaient ensuite promener leurs torches incendiaires sur les murs humides. En un instant le feu, grimpant le long des murailles, dévorait sur son passage les boiseries desséchées par le soleil et gagnait les combles, d'où l'incendie se propageait sur tout le monument. Des obus à pétrole et des bombes incendiaires, lancés de plusieurs côtés, venaient activer le foyer et empêcher de porter secours.

A six heures du matin, tout était en feu sur les deux rives de la Seine, depuis la place de la Concorde jusqu'à l'Hôtel de ville. Ce que le canon n'avait pas déjà fait pour la destruction de tous ces monuments, l'incendie l'achevait plus rapidement. Nos soldats avançaient courageusement au milieu des flammes et s'emparaient de monceaux de cendres qui n'étaient plus défendus.

Cet immense pandémonium de constructions, qu'on appelait le Palais de justice n'est plus qu'un amas de ruines.

La vaste et antique salle des Pas-Perdus s'est effondrée, et avec elle se sont abîmées toutes les salles d'audience qui prenaient ouverture sur elle, c'est-à-dire les cinq chambres du tribunal civil et tous les greffes qui en dépendaient.

L'ancienne et historique salle où siégeait la chambre criminelle de la Cour de cassation, et qui est l'ancienne grand'chambre du Parlement, n'est plus également qu'un monceau de cendres. Les nouveaux bâtiments qui complétaient le service de la Cour de cassation et qui avaient été construits d'une façon à la fois si solide et si splendide, n'ont pu résister à la puissance des fourneaux de mine.

L'aile occidentale du Palais de justice, c'est-à-dire la partie neuve qui regarde le pont Neuf, s'est également écroulée avec sa façade monumentale, qui s'étendait d'un quai à l'autre de la Cité. Les deux belles salles d'assises ont disparu du même coup.

Le bâtiment qui longe la rue de la Sainte-Chapelle, affecté à la justice correctionnelle, n'a pas été épargné, non plus que toute l'aile qui s'étend parallèlement à l'ancienne rue de la Barillerie. C'est là qu'étaient installés le parquet et les cabinets des juges d'instruction.

Enfin la Sainte-Chapelle, miraculeusement conservée, élève son élégante flèche au milieu de cet immense amas de cendres et de décombres fumants.

Un vent frais en chassait la fumée, les dorures sont à peine ternies. La croix resplendit en plein soleil et la statue de saint Michel étend ses ailes d'or.

Les Archives, qui contenaient tous les arrêts, tant de la justice civile que de la justice criminelle, et aussi tous les actes de l'état civil, sont détruits, en même temps que le casier judiciaire, c'est-à-dire le grand livre des scélérats, était brûlé avec la Préfecture de police.

Il avait été, dans ces dernières années, dépensé environ vingt millions pour l'achèvement du Palais de justice.

Que dire des ruines privées amoncelées par la Commune dans presque tous les quartiers de Paris? Il y a dans ces incendies volontaires des maisons particulières quelque chose de plus hideux peut-être et de plus sinistre que dans la destruction des monuments publics. Celle-ci peut à la rigueur être mise au compte du désespoir politique; les autres ont un caractère de perversité plus intense, d'empoisonnement moral plus intime. Elles sont vraiment l'œuvre de la *fédération* de tous les vils instincts, de tous les monstrueux appétits de l'espèce humaine.

Cette signification se décèle d'une façon épouvantablement attristante à l'aspect de la ligne d'hôtels consumés, qui

ont fait de la rue de Lille comme une carrière de décombres, encore fumants, à l'heure qu'il est, sous les torrents
de la pluie.

Si l'incendie du massif de maisons de la Croix-Rouge peut
s'expliquer par la nécessité de s'opposer à la marche vic-
torieuse des Versaillais dans les quartiers de la rive gauche,
pareille raison ne saurait être invoquée pour justifier l'incendie du théâtre de la Porte-Saint-Martin et des maisons
attenantes, ni ceux des boulevards du Temple et du Prince-
Eugène, ni ceux de la rue Royale, sous les décombres desquels gisent, à ce qu'on m'assure, de trop nombreuses victimes !

Les incendies du faubourg Saint-Antoine n'ont pas d'autre
raison d'être non plus, que l'assouvissement d'une haine de
paria enragé.

On traitait de visionnaires ceux qui prétendaient
voir s'amonceler au-dessus de Paris le nuage sombre
de la vengeance divine. Hélas ! l'heure est venue ;
le châtiment a encore dépassé en horreur tout ce que
les imaginations avaient pu rêver ; et par une igno-
minie de plus, ce ne sont pas des ennemis enivrés
par la victoire, ce sont des Français qui auront accumulé ces désastres sans précédent dans l'histoire.
De telle sorte que ces ruines fumantes témoigneront
au monde plus encore de nos hontes que de notre
malheur.

Sommes-nous au bout ? L'expiation est-elle assez
complète ? Et surtout saurons-nous la recevoir
comme il convient ? Saurons-nous reconnaître dans
l'énormité même de cet écroulement la main toute-
puissante qui nous châtie ? Notre orgueil et notre lé-

gèreté sauront-ils enfin s'incliner et comprendre ?
Si de tels coups trouvaient encore des esprits fermés
et des cœurs hautains, ce serait à désespérer de la
France.

Dieu veuille que la terrible expérience que nous
venons de faire serve à notre malheureuse patrie ;
la secte qui veut la tuer était vraiment redoutable
quand elle poursuivait dans l'ombre ses machinations :
mais aujourd'hui, la France connaît ses ennemis, ils
sont perdus.

La Providence, qui tire le bien du mal, a voulu
nous sauver. Le spectacle que Paris donne à la
France et au monde est pour notre nation une hu-
miliation profonde, un rude châtiment ; mais c'est
aussi une grande grâce. Déjà les aveugles voient et
les sourds entendent. On saura, désormais, où mè-
nent les doctrines antichrétiennes. Bénissons Dieu
d'avoir laissé la Commune apparaître. Il le fallait
pour arrêter la France au bord de l'abîme, pour
l'obliger à chercher la voie du salut.

§ 3

La place du crime est purgée par le feu

Ces paroles de la *prophétie d'Orval :* « La place
du crime est purgée par le feu ; le grand ruisseau a

conduit ses eaux toutes rouges de sang[1];» viennent de recevoir des derniers événements une explication aussi terrible qu'évidente. Mais avant d'en donner ici les preuves, nous devons dire quelques mots des environs de Paris où le crime s'étalait depuis si long-temps et où tant d'impies et de libertins de la capitale allaient profaner le dimanche au milieu des orgies les plus scandaleuses.

Le palais de Saint-Cloud, où l'on avait exposé tant de nudités et de divinités païennes, a été un des pre-miers brûlés[2].

Il n'est resté, de cette ville de 5,616 habitants, que l'église et son clocher, tout le reste n'offre plus que des ruines et des dévastations.

Auteuil, ancienne commune de 6,343 habitants, où l'on voyait de nombreuses et belles villas, un temple dédié à Molière, qui a célébré les adultères du Roi-Soleil, est aussi complétement ravagé.

---

[1] On lit dans la *Décentralisation*

« *Dieu est juste!* — Les Catilinas de clubs et de carrefours qui, depuis plus de deux mois, hurlaient dans Paris leurs harangues bien payées, — cette tourbe d'hommes échappés des mauvais lieux de tous les pays, dégoutants de boues et de debauches, — ces Marats en casquette et en képi galonné, à la face patibulaire, aux mains de septembriseurs, ont enfin succombé sous les coups des vrais soldats de la France !

« On dit que, des cent-cinquante mille *Peaux-Rouges* du dix-neuvième siècle, les cadavres de soixante-dix mille environ jonchaient les rues de Paris.

« On évalue à 4.000 hommes tués ou blessés les pertes de l'armée dans la campagne de Paris, tout compris. »

[2] Dans ce palais ayant appartenu aux rois très-chrétiens, il n'était question que des salons de Mars, de la galerie d'Apollon, du salon de Vénus, de l'Aurore, de Mercure, etc. C'est là que la famille d'Orléans a donné de si brillantes fêtes mondaines et que les Bonapartes ont si bien imitées.

Passy, qui compte 18,000 habitants, est presque entièrement détruit[1]. La lisière du bois de Boulogne est réduite à l'état de terrain nu. L'avenue de l'Impératrice est rasée.

Le côté sud-ouest de l'Arc de triomphe y compris le bas-relief, est plus ou moins mutilé du haut en bas.

Les maisons qui bordent la place du même côté sont criblées. L'avenue des Champs-Élysées, jonchée de balles et d'éclats d'obus, porte, sur la plupart de ses maisons et de ses arbres, des traces de l'effroyable canonnade des dernières quarante-huit heures. On sait ce qu'est devenue la place du *Roi-de-Rome*.

Nous détachons les lignes suivantes d'une lettre de M. L. Veuillot, insérée dans l'*Univers* du 8 juin :

En revenant de Versailles, on rencontre d'abord Saint-Cloud. Saint-Cloud était un lieu charmant. Les Prussiens y avaient passé, et comme vous le savez, c'était fini. On le croyait du moins. Le duel d'artillerie entre les Prussiens et les Français n'y avait laissé que des ruines. C'est là que j'ai vu dans une rue dévastée, sur un monceau de plâtras, un coffre-fort ouvert, squelette rompu du dieu qu'adore le monde. A présent, il y a des ruines de ruines et le cadavre du dieu est rouillé.

Mais ce n'est rien auprès d'Asnières et du pays environ-

---

[1] On lit dans le *Courrier de Lyon* du 11 juin :

« La pluie d'obus qui s'est abattue pendant quinze jour sur Passy n'a respectée qu'une seule maison ; celle qu'habitait Lamartine quand il mourut.

« Il aurait suffi d'un seul obus pour détruire ce petit chalet auquel s'attachent tant de souvenirs, et qui est religieusement gardé par la nièce du grand poète. »

nant. C'est ou plutôt c'était un pays de villas, de restau-
rants et de guinguettes, où Paris venait s'amuser. Le siége
de fer n'y avait pas touché : ce que le siége de feu en a fait
ne peut pas même s'appeler ruines et ne peut pas non plus
se décrire. Ce sont des amas de plâtre et de pierre qui lais-
sent ça et là deviner d'ex-constructions. Les débris anciens
sont tristes et beaux ; ces débris tout neufs, sur lesquels la
ronce et même l'herbe n'ont pas encore poussé, sont hideux.
Je pensai à notre voie Appia et à ses longues files de tombeaux morts, mais qui tout morts et rongés sont encore
debout, couronnés de tant de verdure et de fleurs. Ici ce
ne sont pas des tombeaux, ce sont d'abominables ossuaires.
formés comme avec le pied et le balai. On sent que la destruction a été soudaine, furieuse, enragée. La mort a fait
une œuvre de colère inextinguible; elle a dansé sur le cadavre, elle l'a mutilé, elle a voulu qu'il ne gardât plus la
forme humaine.

Il fut mangé beaucoup de viande le vendredi dans toutes
ces maisons-là. L'an passé, l'on s'y amusait encore beaucoup. Que de rires, que de danses, que de chansons, et
quelles danses et quelles chansons! Et sans doute on se
proposait de recommencer l'année suivante, mais le jugement est venu.

J'ai franchi le rempart crevé et désarmé. Là, je me suis
rappelé la prophétie d'Habacuc. Écoutez ceci :

Habacuc se plaignait à Dieu des désordres de Jérusalem.
Dieu lui répond : « Voici que je vais susciter les Chaldéens,
nation cruelle, prompte à exécuter ses plans, et qui court
la terre pour s'emparer des maisons d'autrui. Elle porte avec
soi la terreur et ne reconnaît de juge qu'elle-même. Elle ra-
vagera à son gré; à son gré — elle imposera le vaincu. —
Plus vite que les loups qui courent au soir, ses chevaux
se répandront partout, comme un aigle qui fond sur sa
proie; ses cavaliers (j'allais écrire ses uhlans) voleront
au butin, et ils assembleront les captifs comme des monceaux de sable. — Leur chef triomphera des rois: il se moquera des tyrans (populaires) et il les rendra ridicules,

tyranni ejus ridiculi erunt. Il se moquera des fortifications :
*il leur opposera des levées de terre, et il les prendra (par la
famine).* » Si M. de Moltke a lu Habacuc, je l'ignore ; mais
voilà son système de guerre tout tracé, et Nabuchodonosor
en fut l'inventeur. Pour moi, je crois que la grande force de
M. de Moltke est venue des mêmes causes qui ont suscité
les Chaldéens. Le prophète ajoute qu'après cela l'esprit du
conquérant sera changé. Il s'enflera, il se dira qu'il est dieu,
et alors « il passera et il tombera : et voilà toute la puissance
du dieu qu'il s'est fait. » *Amen!*

Il faudrait des volumes pour raconter tous les
désastres causés dans Paris par les communards,
armés de torches incendiaires. Cette grande capitale,
si fière de sa civilisation, est bien la ville des ruines
et des pleurs, la véritable *Città dolente* du poète.

On écrivait de Paris, le 2 juin, au *Journal de
Lyon :*

Quelles énormes et sinistres ruines ; on les regarde avec
stupéfaction. Et vraiment il y a de quoi ! Imaginez-vous ce
vaste bâtiment du Ministère des finances qui couvre, rue
de Rivoli, un immense terrain. Tout ce qui pouvait brûler,
meubles, tentures, boiseries, est si parfaitement consumé,
qu'il ne reste rien que les murs surmontés d'innombrables
tuyaux de cheminées. — Et les Tuileries ! — Quel prodi-
gieux incendie ! De la rue de Rivoli à la Seine une immense
ligne de fenêtres par où tout d'un coup les flammes se sont
élancées ! Les incendiaires avaient eu soin d'enlever les
boiseries des fenêtres, comme pour donner du champ au
feu. Il semblait, à voir cela du dehors, qu'une fête infernale
se célébrait dans l'intérieur du palais et que tous les becs
de gaz fussent allumés. La flamme du pétrole circulait en
silence, sans crépitement, sans explosion. Le fracas ne vint
qu'avec la chute formidable des parquets. Oui, certes, Néron
eût été satisfait d'un pareil spectacle !..

Un autre journal, le *Salut public* de Lyon, qui a plaidé les circonstances atténuantes en faveur de Garibaldi, le chef des révolutionnaires cosmopolites a reçu de son correspondant de Paris, en date du 1er juin, les lignes suivantes qui sont comme un commentaire des paroles de la prophétie d'Orval :

Rien ne saurait égaler en épouvantable magnificence, m'ont dit plusieurs témoins, l'incendie du palais des Tuileries, et l'imagination la plus exaltée ne peut se faire une idée de ce tableau, pas plus que la plume n'arriverait à le décrire *de visu*. Cette immense façade de quatre cents mètres de développement vomissant, par ses centaines d'ouvertures, des langues ardentes qui allaient se perdre dans les aigrettes de flammes dardées par les combles ; les intermittences soudaines de cette éruption permettant au regard de scruter dans ses détails l'intérieur incandescent du palais ; puis, pour couronner cette œuvre de pyrotechnie infernale par un *bouquet* digne d'elle, la grande coupole centrale de Philibert Delorme s'abîmant dans une gerbe de feu qui sembla jaillir jusqu'aux étoiles effarées, ce sont là quelques linéaments d'une description impossible.

Si le feu d'artifice fut affreusement splendide, bien tristes en sont les vestiges. Tristes, ai-je dit, mais d'une tristesse sans majesté et même sans grandeur, malgré leur immensité. A peu de distance, on dirait les restes calcinés de quelque grande filature. Sauf le pavillon de Flore (sur le quai), qui venait d'être fort élégamment reconstruit par M. Le Fuel et qui a dû à son inachèvement intérieur d'être relativement épargné par l'élément destructeur, le reste n'est plus qu'une double et longue paroi criblée de fenêtres béantes. Il y a encore des colonnes, des pilastres, des statues même : mais nulle trace ne se révèle du génie du grand Philibert, dont la conception d'ailleurs était si oblitérée déjà par les superfétations successives de Bullant, de

Ducerceau, de Levau et de M. Fontaine, l'architecte de la
royauté de Juillet.

Comme perte architecturale, les Tuileries ne valent pas
énormément de regrets. Mais ce qu'il faut déplorer, en se
plaçant exclusivement au point de vue de l'artiste, c'est la
perte des beaux ouvrages de peinture, de sculpture, de décoration que les Charles Le Brun, Pierre Mignard, Nicolas
Loyr, Detroy, Flamaël, Lemoyne, Coypel, Coysevox, Girar-
don, Audran, — et plus récemment Ch. Chaplin, — y avaient
accumulés.

Les ignares sauvages, les idiots furieux qui ont mis la
flamme du pétrole dans ce palais, pour purifier soi-disant
une place souillée par le séjour du despotisme, avaient-ils
oublié, — l'ont-ils après tout jamais su ? — que les Tuileries ont reçu l'onction révolutionnaire de la Terreur ; que
leur immortelle Convention nationale a tenu ses séances
dans la salle du théâtre des Tuileries, depuis le 1er ven-
démiaire an Ier jusqu'au 4 brumaire an IV ; que le Comité
de salut public installa son antre dans ces mêmes Tuileries ? Ont-ils jamais su que c'est aux Tuileries que Carnot,
assis devant une petite table, dans une petite chambre des
combles, organisait la victoire que la Convention décrétait
le lendemain ? Ces libres penseurs doublés de libres brû-
leurs savaient-ils que cette même salle de théâtre des Tuileries a été témoin de l'apothéose de Voltaire couronné, à
la représentation de sa tragédie d'*Irène*, par ses Parisiens,
qui *l'en firent mourir*, comme disent leurs descendants,
dans un langage qui n'a rien de voltairien ?...

O stupide voyoucratie empoisonnée de l'an 71 !...

Le correspondant parisien de l'*Union de l'Ouest*
lui adressait le 27 mai les détails lugubres qui sui-
vent :

De retour sur la place du Palais-Royal, je vais visiter ce
qui fut les Tuileries. Partout, les gros murs ont résisté à

l'incendie. Ils sont noirs, mais debout. Les toitures seules, abîmées sur les plafonds inférieurs, ont entraîné dans leur chute étage sur étage, jusqu'au sol ou aux voûtes. C'est dans cet état que se trouvent le pavillon qui envisage la place du Palais-Royal, la partie du château qui donne à la fois sur la cour du Carrousel et la rue de Rivoli, la plus grande partie de ce qui prend vue sur le jardin, et une fraction de l'aile du bord de l'eau. Sur la façade du Palais-Royal se trouvait l'immense bibliothèque de l'empereur, où l'on avait encore attiré bien des manuscrits venus d'ailleurs. Tout est détruit. J'en ai reçu l'assurance de l'officier des pompiers et j'ai vu pleurer un vieux bibliothécaire.

La cour du Carrousel étant absolument déserte, sans une seule sentinelle pour garder les guichets, j'ai voulu dire un dernier adieu à ce qui fut la résidence de nos rois.

Franchissant le guichet sur des décombres encore chauds, je traverse la cour du Carrousel où règne un silence de mort, pour gagner le pavillon du milieu où se trouvait le grand escalier d'honneur. C'est, si je ne me trompe, sur ces marches historiques que commença le massacre du 10 août. *La royauté est bien vengée.*

Escalier, plafond, voûtes, tout a croulé depuis les combles et forme sur le sol un horrible amas.

J'ai vu là pêle-mêle les restes du campement des gardes nationaux et les restes du faste de l'empire.

Des tentures lacérées et des fusils brisés, des lambris calcinés et des bidons tordus, des tasses populaires et des ganses d'or, des sacs à riz, des fragments de stuc, des peaux de mouton calcinées.

Au-dessus de ce pandémonium s'élèvent les quatre murs qui paraissent immenses par la disparition des étages.

A mi-hauteur, une cariatide dorée et décapitée se soutient encore, avançant sur le vide sa pose gracieuse.

A mes pieds, une reproduction de l'*Apollino* antique est venue rouler. Dans sa chute, elle a perdu un bras et les deux jambes. Ce torse gracieux, cette tête relevée et rêveuse entourée d'un seul bras, ont quelque chose d'élégant et de triste qui vous fait éprouver l'impression d'un antique retrouvé.

C'est déjà une ruine solennelle que ce palais. Devant ces construction noircies, ces restes de splendeur, je me croyais transporté en Italie, au milieu des ruines de l'ancienne Rome. C'est le même aspect colossal et mélancolique à la fois. Une nuit d'incendie a suffi pour étendre sur nos constructions d'hier la patine des siècles. On pourra restaurer tout cela, puisque les gros murs sont intacts, mais on ne l'embellira pas. Jamais les Tuileries d'autrefois n'avaient tant parlé à mon cœur.

Que d'évènements qui se sont passés aux Tuileries, et dont le *Salut* aurait pu rappeler le souvenir. C'est là que, dans la fameuse journée du 10 août, furent massacrés les neuf cents Suisses restés fidèles à l'infortuné Louis XVI, et avec ces braves soldats périrent tous les employés du palais, depuis les premiers officiers jusqu'aux derniers valets des cuisines.

Si de nos jours les Tuileries n'ont pas servi de théâtre à des scènes aussi tragiques, on peut dire que la révolution antichrétienne a tenu ses assises dans ce palais. Avant d'entrer dans quelques détails, nous citerons une pièce qui a paru dans plusieurs journaux, sans être contredite, pendant que l'empire était encore armé de toutes pièces contre la presse.

Le *Revenant* rapporte ce qui suit :

M. Crétineau-Joly, qui possède un cabinet des plus rares, en fait de pièces authentiques et de papiers importants, m'affirmait un jour avoir eu en sa possession un registre d'auberge des plus curieux.

Ce registre contiendrait un autographe plus curieux encore, puisqu'il porterait, accolée au nom de l'empereur actuel, écrite de sa main, l'indication d'une profession au moins bizarre, choisie alors par celui qui, depuis, a fait combattre, par ses ministres, M. Gambetta.

On sait qu'en Italie — comme à Paris aujourd'hui encore —on vous soumet, aussitôt votre arrivée dans une auberge, un gros livre, sur lequel vous êtes invité à écrire votre nom, vos prénoms, la date de votre naissance, votre profession.

Au moment où, forcé de quitter les États de l'Église après les avoir envahis, le jeune Louis-Napoléon, fils de la duchesse de Saint-Leu, se réfugiait sur le sol toscan, ce fut à Radicofani, pays de brigands, s'il en fût, qu'il arriva d'abord. Il était accompagné de six ou sept amis, qui, comme lui, étaient vaincus.

L'hôtelier ignorait qui pouvaient être ces jeunes gens. Il ne s'aperçut que le lendemain, et après leur départ, de la singulière qualification qu'avait prise l'un d'eux sur son livre de voyageurs :

Il avait mis :

NOM : Bonaparte.

PRÉNOMS : Louis-Napoléon.

AGE : 23 ans.

PROFESSION : Révolutionnaire.

Rappelons d'une manière sommaire les événements des dernières années de l'empire, et nous verrons que Louis-Napoléon Bonaparte a été fidèle à la *profession* de sa jeunesse. Si, avant d'être dévorées par les flammes, les murailles des Tuileries avaient pu parler, que ne nous auraient-elles pas dit ?

C'est aux Tuileries que fut décidé le congrès de Paris en 1856, et dans lequel le gouvernement de

Pie IX fut dénoncé à l'Europe ; c'est dans ce congrès qu'on proposa d'imposer au Souverain-Pontife des réformes qui auraient arraché sa souveraineté dans ses racines[1].

C'est aux Tuileries que Louis-Napoléon déclara la guerre à l'Autriche catholique, afin de favoriser l'Italie révolutionnaire et de perdre le roi de Naples.

C'est des Tuileries que partit la défense de publier en chaire, et même dans les journaux, la lettre encyclique du 18 juin 1859, dans laquelle Pie IX rappelait l'excommunication majeure portée par les décrets du Concile de Trente contre tous ceux qui ont *concouru* à l'envahissement du patrimoine de saint-Pierre[2].

[1] Un journal de Gênes, la *Maga* du 15 mai 1856, disait à ce sujet : « La note du 27 mars est la plus solennelle manifestation de défiance donnée au gouvernement papal... C'est un programme de guerre à la papauté temporelle et spirituelle. »

[2] On a l'air de se moquer des excommunications, on les craint plus qu'on ne les méprise. Tout souverain qui touche au Pape finit mal. Nous en avons des preuves frappantes de notre temps.

Le général Bonaparte, devenu l'empereur Napoléon 1er, fit absorber Rome, et y établit le département du Tibre. Il perdit son sceptre dans ce château même de Fontainebleau où il avait tenu prisonnier le vicaire de Jésus-Christ.

Joachim Murat envahit, en 1815, les États pontificaux et chercha à absorber Rome. Trois mois après, il fut condamné à mort et fusillé.

Napoléon II avait reçu de son père le titre de roi de Rome; et, quoiqu'il n'eût pas contribué lui-même à l'absorption de cette ville, il alla mourir jeune dans ce même palais où fut signé le décret de la déchéance temporelle de Pie VII.

Louis-Napoléon, frère du suivant, entra dans la société des carbonari, se révolta contre le Pape Grégoire XVI, et se proposait d'absorber Rome; mais il mourut bientôt après à Forli.

Charles-Louis-Napoléon (Napoléon III), de concert avec son cousin le prince Napoléon, a conspiré pour l'absorption de Rome. Ils viennent de tomber l'un et l'autre.

Cavour, Farini, Fanti et leurs compères ont voulu absorber Rome; ils ne sont plus. Joachim-Napoléon Pepoli avait voté l'absorption de la cité éternelle : il n'est plus.

C'est maintenant le tour de Victor-Emmanuel et de son digne fils le prince Humbert.

C'est aux Tuileries que fut reconnu par Louis-Napoléon le royaume d'Italie, sacrilége usurpation des domaines de l'Église.

Cette démarche avait été préparée par la fameuse brochure *le Pape et le Congrès*, écrite par un sénateur ami de César, et «*qui eut pour conséquence*, dit lord John Roussel, ministre des affaires étrangères en Angleterre, *de faire perdre au pape plus de la moitié de ses domaines.* »

C'est aux Tuileries, le 31 décembre 1859, que Louis-Napoléon écrivait au pape une lettre, chef-d'œuvre d'hypocrisie et qui fut communiquée aux journaux avant que Pie IX ne l'eût reçue.

C'est aux Tuileries que fut arrêté la suppression de l'*Univers*, coupable d'avoir reproduit l'encyclique.

C'est aux Tuileries qu'on décida que tous ceux qui feraient partie de l'armée pontificale perdraient leurs titres de Français avec tous leurs droits.

C'est aux Tuileries que l'on a nommé et maintenu au ministère de l'instruction publique M. Duruy, dont les ouvrages étaient pleins d'erreurs et de calomnies contre l'Église.

C'est aux Tuileries que l'impératrice a accepté la présidence de la commission établie par le ministre libre-penseur pour organiser des cours de jeunes filles, faits par des professeurs qui n'offraient aux familles aucune garantie d'orthodoxie.

Enfin c'est aux Tuileries que les écrivains libres-penseurs, comme MM. About, Renan, Sainte-Beuve et *tutti quanti* recevaient le meilleur accueil.

Que ne pourrions-nous pas dire de ces fêtes toutes païennes qui avaient lieu dans ce palais et où l'on dévorait en quelques heures de quoi nourrir un grand nombre de malheureux qui mouraient de faim et de froid à quelques pas de là.

Citons, comme pièce justificative de notre assertion, un article du *Gaulois*, dont les rédacteurs faisaient partie des invités de la cour.

Voici, d'après le *Gaulois*, la petite consommation qui s'est faite au grand bal des Tuileries (1869) :

900 bouteilles de Champagne, 400 bouteilles de Bordeaux, 50 bouteilles de Madère, 1,200 litres de sirops, 200 litres de café glacé, 200 litres de chocolat chaud, 2,000 glaces, 1,200 litres de punch, 200 litres de thé, 3,000 gâteaux, 100 grosses pièces de pâtisserie, 600 kilogrammes de viande, 100 gros pâtés de foie gras, 200 poulets, 50 faisans, 100 perdreaux, 12 gros jambons, 300 mauviettes, 24 entrées de poisson, 12 grosses galantines, 24 salades de légumes à l'impériale, 16 buissons de truffes, 20 filets de bœuf, 3,000 petits pains.

Mais ce sont donc des Gargantuas, ces hommes de cour? Comment s'étonner après cela que les cent-gardes veillent avec tant de vigilance aux portes de la salle du festin. C'est tout naturel.

On voit par cet exposé rapide que les Tuileries sont bien désignées dans la prophétie d'Orval par ces mots : *La place du crime est purgée par le feu.*

Le palais des Tuileries, commencé sous Catherine

de Médicis, en 1564, a été depuis, et jusqu'à nos jours, l'objet de modifications incessantes. Il avait vu passer de nombreuses et terribles révolutions, il était réservé aux communards, produit merveilleux de la civilisation moderne, de remplacer les Prussiens dans la destruction totale de ce monument français.

Le Palais-Royal, agrandi et embelli par Louis-Philippe-*Égalité*, a eu le même sort que les Tuileries. On peut dire aussi, sans craindre d'être démenti, que ce palais n'a pas été toujours la demeure de la vertu et le théâtre des bonnes mœurs.

C'est là qu'habitait encore, au 4 septembre, le prince Jérôme-Napoléon, l'ami de George Sand et du sénateur Sainte-Beuve dont il partageait le dîner scandaleux du Vendredi Saint.

Que de conciliabules se sont tenus dans cette demeure princière, fréquentée par les rédacteurs de l'*Opinion Nationale* et d'autres feuilles ennemies jurées de l'Église. Que de fois on y a annoncé la chute définitive de la papauté.

La vérité divine outragée finit par se venger de tant d'impiétés.

Voici, d'après l'*Écho de Rome*, le triste programme que le prince Napoléon énonçait en 1866, dans u banquet démocratique.

Après avoir raillé la prudence et l'hésitation du pouvoir, il continuait ainsi :

L'heure est venue de déployer largement le drapeau de

la révolution, qui est celui de l'empire. Qu'est-ce que la
révolution? C'est la lutte contre le catholicisme, lutte qui
est commencée et qu'il faut poursuivre. C'est la formation
des grandes unités sur la ruine des États factices et des
traités qui servent de base à ces États. C'est la démocratie
triomphante, fondée sur le suffrage universel, mais qui a
besoin, pendant un siècle encore, d'être dirigée par les
fortes mains des Césars. C'est la France impériale...

Maintenant, le premier obstacle à vaincre, c'est l'Autriche. L'Autriche est le plus puissant appui du catholicisme dans le monde. Elle représente la forme fédérative
opposée au principe des nationalités unitaires. Elle veut
faire triompher à Vienne, à Pesth, à Francfort, les institutions libérales et parlementaires contraires à la démocratie;
elle est le dernier boulevard du catholicisme. Il faut donc
l'abattre et l'effacer jusqu'aux derniers vestiges.

La France impériale doit donc demeurer l'ennemie de
l'Autriche. Elle doit, au contraire, être l'amie et le soutien
de la Prusse, qui est la patrie du grand Luther. Elle doit
soutenir également l'Italie, qui est présentement le centre
de la révolution dans le monde, et qui a mission d'abattre
le catholicisme à Rome, comme la Prusse a la mission de
l'abattre à Vienne...

Ainsi parlait le cousin de l'empereur, en pleine
France catholique. Et le chef de la dynastie estam-
pillait un pareil langage, et il laissait blesser ainsi
la nation dans ce qu'elle a de plus cher et de plus
sacré. Comment d'ailleurs s'y serait-il pris pour fermer la bouche au blasphémateur, quand il donnait
lui-même carte blanche à l'impiété des écrivains publics et des professeurs officiels.

Ne soyons pas étonnés après cela, si la justice de
Dieu passe sur le Palais-Royal comme elle est passée
sur les Tuileries. Dans ce duel de l'homme contre le

ciel, de l'impiété contre l'Église, c'est toujours Dieu qui a le dernier. Allez contempler les ruines fumantes de ce Palais-Royal, habité par des princes révolutionnaires, et vous comprendrez qu'on ne se moque pas de Dieu en vain.

On écrivait de Paris, le 9 juin, au *Salut public :*

Tout à côté des ruines du Louvre se dressent celles du Palais-Royal, bien autrement maltraité que son voisin. Ici le pétrole a fait merveille, moins complétement toutefois qu'aux Tuileries.

Ce palais, qui fut édifié par Richelieu (d'où son ancien nom de *Palais-Cardinal*), n'avait pas gardé grand'chose de sa construction primitive. Une seule galerie, dite des *Proues*, parce qu'on y voyait représentées à profusion des proues de navires, emblèmes de la dignité de grand amiral de France dont Richelieu était investi, avait échappé à l'incendie de 1763. Le palais fut entièrement reconstruit à cette époque par l'architecte Moreau.

L'incendie de 1871 a fait disparaître les vestiges encore existants de la demeure du cardinal amiral et détruit la plus grande partie du palais réédifié par le père de Louis-Philippe-*Égalité*. Le magnifique escalier d'honneur à double rampe, inscrit dans une cage ovale et l'un des plus beaux du monde, a été effondré. La belle entrée à portiques qui fait face au Louvre est conservée, mais il sera bien difficile de tirer quelque chose du palais proprement dit, dont les murs semblent avoir subi une calcination profonde.

Ces ruines sont bourgeoisement lugubres et prosaïquement attristantes. La maison d'Orléans, qui vient d'être *sinistrée* en son Palais-Royal par les communeux, va-t-elle, grâce à leurs stupides fureurs, trouver demain un asile au château de Versailles, au sein de l'Assemblée nationale ? Quel sera le sens, la portée de cette hospitalité ? L'événement fera voir bientôt si les communeux ont fait une intelligente spéculation en amoncelant les cendres du Pa-

lais-Royal à côté de celles des Tuileries, en brûlant à la
fois le berceau du comte de Chambord et celui des ducs de
Nemours et d'Aumale, et ce que cela prouve…

Le *Conseil d'État*, où l'on a traduit tant d'évêques
coupables d'avoir fait leur devoir, n'a pas été épargné. Nous détachons les lignes suivantes de la correspondance déjà citée :

Un édifice franchement laid, malgré sa masse énorme et
son imposante carrure, fut ce palais du quai d'Orsay qui
renfermait le Conseil d'État et la Cour des comptes, et qui
a été le premier objet de la rage incendiaire des *pétroleurs*.
On mit vingt-huit ans et l'on dépensa plus de dix millions
à achever cette construction que les flammes ont dévorée en
peu d'heures, — mais non pas assez complétement qu'on ne
puisse la réédifier, au moins en partie. Comme l'Hôtel de
ville, le palais du quai d'Orsay est plus grandiose et fait
plus d'effet transformé par le feu qu'à l'état normal. Ce
massif, pâté presque cubique, dont les arcatures italiennes
mises à jour par les flammes découpent librement leurs
jambages et leurs cintres sur le ciel, a troqué sa lourdeur
disgracieuse contre une légèreté inattendue. Il n'est pas
tout à fait devenu, comme l'Hôtel de ville, une façon d'Al-
hambra à l'usage des salamandres et autres esprits du feu,
mais ce n'en est pas moins un fort beau décor, que deux ou
trois siècles de patine et de végétation rendraient magnifique.
L'Hôtel de ville de Paris est la ruine la plus colossale,
la plus douloureusement imposante, et, si j'ose dire, la plus
artistique que l'on puisse se figurer. Piranèse n'a rien rêvé
de tel. La fournaise a assimilé avec une sorte d'intelligence
supérieure l'œuvre primitive et élégante de Dominique Boc-
cador et ses annexes bourgeoises des architectes de Louis-
Philippe. Ces deux constructions qui semblaient, bien
qu'intimement soudées, ne devoir jamais s'accorder à la

satisfaction de l'art sont admirablement harmonisées dans leurs débris. Si les communards sont de vils brigands, le hasard, parfois, est un grand artiste et se sert, pour faire des chefs-d'œuvre, de tout élément comme de toute main.

C'est à l'Hôtel de ville[1] qu'avaient lieu des fêtes babyloniennes, où le luxe et la vanité déployaient toutes leurs pompes, si propres à attiser cette triple concupiscence dont parle l'apôtre saint Jean[2].

La galerie des fêtes avait 50 mètres de longueur sur 12 mètres 50 cent. de largeur et autant de hauteur. Il y avait une galerie autour de la salle, à demi-hauteur environ du plafond, avec des tribunes d'orchestre aux extrémités ; 26 lustres d'un grand prix, portant chacun 106 bougies, répandaient des flots de lumière. Un grand nombre de peintures et de statues mythologiques qui ne représentaient pas la

---

[1] On lit dans la *Décentralisation* du 12 juin :

« Il s'est passé, un peu avant l'incendie de l'Hôtel de ville, une scène que personne n'a encore racontée.

« Pendant que Dombrowski, blessé à mort, râlait sur un matelas, on se disputait pour savoir qui mettrait le feu au monument, et chacun se récusait à l'envi, prétendant que sa personne était nécessaire ailleurs. Il ne restait plus là que de rares membres de la Commune et le Comité de salut public tout entier.

« Tirons au sort, s'écria quelqu'un, pour savoir qui restera le dernier. — On jette les noms dans une urne, et le hasard amène le nom du général Eudes.

« Comme se dernier réclamait, sous le prétexte que sa qualité de général l'obligeait à rester à la tête de ses troupes, Dombrowski, se soulevant avec peine dans un mouvement de colère, s'écria :

« Allez vous-en tous, tous ; il me reste encore assez de force pour « mettre le feu moi-même. Je n'ai pas peur comme vous. »

« C'est à la suite de cet acte qu'il expira. »

[2] L'Hôtel de ville, commencé vers 1532, fut terminé au dix-septième siècle. On y avait fait depuis cette époque, sous les divers gouvernements, des additions et des embellissements considérables.

pudeur servaient de modèles aux femmes du demi-
monde qui accouraient en foule aux brillantes soirées
données dans cet hôtel, dont il ne reste plus que des
ruines calcinées par le feu allumé par les communards. L'apothéose de Napoléon Ier, beau travail de
M. Ingres, a disparu avec le reste.

Nous terminerons ce chapitre, que nous pourrions
allonger, par ces réflexions d'un journal anglais, le
Times du 26 mai. Aucun journal français |n'a ren-
contré des expressions plus fortes et mieux appro-
priées à la circonstance :

Tous les autres incidents de la tragédie parisienne pâlis-
sent devant la suprême horreur que le télégraphe d'hier
nous annonçait. Les Tuileries, d'après M. Thiers, ne sont
plus qu'un monceau de ruines fumantes, le Louvre est détruit en partie, et l'Hôtel de ville est en flammes. Le même
sort a été réservé au Palais-Royal, à Notre-Dame, à la
Sainte-Chapelle[1], en un mot, à toutes les merveilles archi-
tecturales de Paris. Comparée avec un pareil désastre, c'est
peu de constater la disparition du Ministère des finances,
de l'hôtel du conseil d'État et du palais de la Légion d'honneur. La destruction des Tuileries, du Louvre et de l'Hôtel
de ville sera maudite dans l'histoire comme l'acte de
vandalisme le plus infernal qui ait jamais été accompli.

Ces monuments splendides, avec les trésors sans prix
qu'ils renfermaient, étaient l'œuvre des générations, et le
témoignage accumulé de l'histoire, de l'art et de la science
pendant des siècles. Avec eux ont péri non-seulement des
merveilles d'architecture qu'on pourrait reproduire à la
\rigueur, mais ce qui ne se remplace pas : les gloires réu-

---

[1] Le *Times* était mal informé; la Sainte-Chapelle et Notre-Dame ont
été sauvées par la Providence.

nies pendant des siècles, l'histoire écrite sur bronze, marbre, or et pierre, dans un style sublime, des créations du génie, qui étaient l'honneur de la France, et forçaient l'admiration du monde. A l'exception de Saint-Pierre, à Rome, il n'y avait probablement pas sur terre des monuments qu'on pût leur comparer, au point de vue des souvenirs artistiques, historiques et nationaux. Et tout cela a disparu dans un seul jour ! Les meilleures peintures du Louvre sont peut-être en sûreté, puisqu'on les avait, dit-on, enlevées avant l'investissement de Paris par les Prussiens; peut-être aussi les Vandales modernes auraient reculé devant l'infamie de leur destruction ; mais les Raphaël et les Murillo n'étaient, après tout, qu'un détail au milieu des trésors qui viennent d'être anéantis. Les statues de l'antiquité, celles qui faisaient le désespoir de la sculpture moderne, ne font plus qu'un amas de cendres calcinées; ornements, bronzes, moulures, frises et chapiteaux exquis sont confondus dans la promiscuité fumante d'un métal sans nom; vestibules, escaliers gigantesques, galeries, voûtes éblouissantes, panneaux superbes, tout ce que le génie d'une nation d'artistes avait mis des siècles à créer n'est plus aujourd'hui que cendres et poussière.

Supposons même quelques-uns de ces trésors sauvés, les palais n'en sont pas moins détruits, et parmi eux les Tuileries, centre de l'histoire française pendant trois siècles; ces Tuileries qui, commencées par Catherine de Médicis, continuées par Henri IV, agrandies par Louis XIV, embellies par Napoléon Ier et le gouvernement de 1848, enfin réunies au Louvre par Napoléon III, formaient une accumulation de palais et de magnificences sans rivales sur la face de la terre. Qui pourrait estimer et chiffrer en francs ou en livres sterling le montant des trésors enfouis à cette heure dans un monceau de cendres?

Tout était historique aux Tuileries, jusqu'aux appartements les plus retirés; les scènes les plus émouvantes des annales françaises paraissaient se refléter sur les murs, et ces murs sont tombés, et avec eux est tombée la demeure des empereurs et des rois, tombée aussi soudainement et aussi complétement que les vieilles gloires de la France.

M. Thiers a certes bien fait d'épuiser les formules de l'indignation en annonçant à l'Assemblée nationale l'horrible forfait. C'est bien comme il le dit « un acte odieux et sans parallèle dans l'histoire et commis par des scélérats désespérés, dans le paroxysme final de leur rage. » Ces termes n'ont rien d'exagéré : jamais les Goths, les Huns ou les Vandales n'ont commis pareil crime contre la civilisation; peut-être au total et en somme ont-ils accumulé autant de ruines, mais quelle différence dans la mesure de la scélératesse ! La catastrophe actuelle est infligée à la France par des Français, à Paris par des Parisiens; elle leur est infligée sans l'ombre d'une provocation, sans qu'on puisse l'expliquer par les exigences stratégiques de la guerre civile; c'est un acte avec préméditation de méchanceté infernale. On voit en effet et clairement que la *conflagration* a été mûrement préparée et résolue comme un acte pur et simple de vengeance, et dès que les communistes ont vu leur cause perdue. Le pétrole a été chargé de l'exécution; on comprend aisément avec quelle fureur il s'est attaqué à toutes ces constructions, au milieu desquelles tant de vieilles et solides boiseries étaient encadrées.

Dès le premier jour de son triomphe éphémère, la Commune avait annoncé *urbi et orbi* que si elle était forcée de rendre la capitale, elle ne la rendrait que couverte de ruines; la menace infâme a été suivie d'exécution. Il n'y a qu'un esprit et une pensée diaboliques capables de vouer ainsi une cité à l'incendie, une population au massacre et à la ruine pour venger la défaite d'un parti. Nous avions espéré, même après le renversement stupide de la colonne Vendôme, que les républicains rouges de 1871 se montreraient modérés, comparativement aux républicains de 93; nous nous étions trompés, ils valent leurs grands-pères et seront voués, comme leurs grands-pères, à l'immortalité de l'infamie.

VII

ÉGLISES PRÉSERVÉES DE L'INCENDIE

Les hommes de la Commune étant des impies qui *ont biffé Dieu*, selon leur expression sacrilége, ne devaient pas épargner les églises consacrées au culte catholique. D'un autre côté, s'il est vrai, comme l'annoncent tant de voix autorisées, qu'après cette crise horrible nous verrons enfin le triomphe de l'Église, Dieu ne pouvait pas permettre que ces monuments séculaires, si riches de souvenirs, et où ont prié tant de saints, tombassent sous le marteau de la révolution. On ne pourrait pas de nos jours élever un temple comme Notre-Dame de Paris, ce chef-d'œuvre de l'art gothique.

L'*Union* a fait, à ce sujet, les belles réflexions suivantes :

Pour quiconque n'a pas complétement abjuré toute croyance, la main de la Providence apparaît au-dessus des ruines de la capitale, non pour attiser l'incendie, mais pour le modérer, non pour rendre le châtiment plus terrible, mais pour en faire sortir une leçon.

Si quelque chose pouvait offusquer les regards de la Commune, c'est l'Église; si quelque chose pouvait exciter ses haines, c'est l'Église. Aussi, c'était contre l'Église qu'étaient tournées ses fureurs et ses vengeances.

Eh bien! qu'est-il advenu? Toutes les églises de Paris restent debout dans cet immense brasier. Des flots de pétrole n'ont rien pu contre Notre-Dame; Saint-Eustache résiste aux bombes incendiaires qui l'atteignent; la Sainte-Chapelle, ce bijou du moyen âge, sort intacte de la fournaise que le Palais de justice, la Préfecture de police et le Tribunal de commerce font autour d'elle; enfin la chapelle expiatoire, condamnée à être démolie ou brûlée, n'a pas eu à subir la plus légère profanation.

Sachons tirer un enseignement de ces faits. Quand tout s'engouffre dans le flot des passions humaines, quand tout disparaît sous le feu dévorant des utopies athées, la croix reste debout pour indiquer aux sociétés tombées qu'elles ne peuvent réparer leurs ruines qu'à son ombre [1].

---

[1] Le *Journal de Lyon*, pour montrer que la conservation de toutes les églises n'a rien de merveilleux, a fait observer que le nouvel Opéra n'avait pas souffert.

Voici la réponse que lui fait M. Louis Veuillot :

« Le nouvel Opéra est complétement intact. Le groupe des demoiselles Carpeaux est là. Ces demoiselles dansent. Je pense qu'à travers toutes nos aventures, qui pourraient n'être pas finies, ce spécimen de l'art moderne sera conservé, pour apprendre aux races futures comment nous vivions et nous nous amusions quand ces choses nous arrivaient. Les cendres de Pompéies et les laves d'Herculanum ont conservé de semblables documents.

« Sur la place de l'Opéra, comme partout, les soupiraux des caves et des sous-sols sont bouchés de plâtre frais. *opus tumultuarium*, ouvrage fait à la hâte par crainte des *pétroleuses*. Ces pétroleuses ont frappé les imaginations. En peu de jours, elles se sont fait un nom durable. On ne s'attendait pas à ces femmes-là, On avait tort. Elles ne sont pas tombées de la lune. J'en ai vu des bandes à Versailles ; la plupart sont d'anciennes demoiselles Carpeaux. Elles ont dansé à Asnières et à l'Opéra.

« Toute société a pour ennemis implacables les esclaves qu'elle s'est faits, surtout les esclaves de ses amusements et de ses vices; et il n'y a d'esclaves sous le Christ que pour cette destination. Courbet l'était tout autant que les demoiselles Carpeaux. L'esclave ne pardonne point. Ce qui l'a corrompu, il le hait et le brûle. Paris est plein de ces esclaves, et tant qu'il ne les aura pas affranchis, la torche sera facilement rallumée. »

NOTRE-DAME DES VICTOIRES.

De toutes les églises de Paris, c'est certainement la plus fréquentée, la plus connue dans l'univers catholique.

Placée dans le quartier des plaisirs et des affaires, entre la Bourse et le Palais-Royal, cette église est comme une arche où l'on vient se réfugier pour échapper aux tempêtes du monde.

L'église consacrée au Cœur immaculé de Marie, refuge des pécheurs, ne pouvait guère échapper aux profanations et au pillage des communards, suppôts des démons. Satan s'est abattu là comme chez Job, mais il n'a pas eu la permission de frapper le corps.

Peu de jours après l'entrée des troupes de Versailles à Paris, ce vénéré sanctuaire a été ouvert de nouveau aux fidèles. S'il ne possède plus ces riches *ex-voto*, ces nombreux cœurs en or et en argent, il n'en est que plus vénérable aux enfants de Marie qui désirent réparer les outrages faits à leur divine Mère par les plus misérables des hommes[1].

NOTRE-DAME DE PARIS.

Cette magnifique église a été commencée en 1163, conti-

---

[1] Plus de trois millions de pèlerins visitent chaque année ce vénérable sanctuaire.

Voici quelques chiffres fournis par le directeur de l'Archiconfrérie :

	Année 1863.	Année 1864.
Confréries agrégées.	268	872
Nouveaux associés inscrits à Paris	7,525	15,649
Messes célébrées par des prêtres étrangers au sanctuaire.	4,000 (environ)	4,800 et plus
Communions	102,000	114,000
Recommandations de prières faites par lettres ou de vive voix	992,998	1,060 262
Ex-voto placés sur les murs de l'église	350	415
Cierges brûlés auprès de l'autel de l'archiconfrérie.	225,008 (environ)	240,945

nuée sous saint Louis et sous les fils et les petits-fils de
ce roi.

En 1239, Louis IX, la reine Blanche et les princes capé-
tiens portèrent processionnellement à Notre-Dame la sainte
couronne d'épines envoyée au roi de France par Baudoin [1].

Les vandales révolutionnaires qui, en 93, profanèrent et
spolièrent Notre-Dame, périrent misérablement.

Dieu vient de préserver ce monument sacré des fureurs
de la révolution.

L'église métropolitaine de Notre-Dame a échappé au désastre qu'avaient espéré pour elle les gens de la Commune.
Là, comme dans les autres endroits qui n'ont pas été incendiés, ce n'est que la maladresse et la stupidité des *fusécns*
qui nous ont permis ensuite de sauver ce monument unique.

Les incendiaires avaient placé au milieu de la nef des
tonneaux de pétrole et avaient entassé, en un immense
bûcher, tous les meubles en bois et les chaises qu'ils avaient
pu trouver dans l'église. Lorsqu'ils se virent obligés, par
l'arrivée prochaine des troupes, de quitter la Cité, ils mirent
le feu au pétrole et se retirèrent.

Aussitôt accoururent les internes de l'Hôtel-Dieu ; ceux-ci
n'eurent qu'à faire écrouler l'énorme tas de chaises qui
commençaient à prendre feu, ils les jetèrent au loin, puis
éloignèrent en toute hâte les tonneaux qui n'étaient pas
encore en flammes ; ils durent renoncer à éteindre avec du
sable le pétrole déjà allumé et dont la fumée et la chaleur
les étouffaient ; ils se retirèrent donc, laissant les tonneaux
enflammés darder leurs langues de feu impuissantes à atteindre la voûte élevée de la nef de la cathédrale. Tout le dégât
se borne, en réalité, à des murs noircis, à des pierres un
peu calcinées, mais la rage de la destruction n'a pu mordre
sur la vieille basilique qui a résisté à l'action plus destruc-
tive encore des siècles.

Oui, par la protection divine, ce chef-d'œuvre du douzième

---

[1] C'est à Notre-Dame que Louis XIII a consacré la France à la très-
sainte Vierge qui a toujours veillé sur elle avec tant de sollicitude.

siècle nous a été conservé : Notre-Dame survit à tous ces désastres et à toutes ces ruines pour attester l'immortalité de l'Église et des principes qu'elle représente. Depuis 700 ans, elle brave tous les orages et nous reste comme la consolation du présent et l'espérance de l'avenir. Elle attirera sous ses parvis la foule qui pleure sur tant de ruines et elle lui dira : *Revertere. Jerusalem ad Dominum Deum tuum*. Et la foule sortira éclairée, purifiée, encouragée. Cette chaire, où saint François de Sales, saint Vincent de Paul, Bourdaloue, Bossuet, Fléchier Massillon, Bridaine, et de notre temps, les Frayssinous, les Lacordaire, les Ravignan, les Félix ont fait entendre la parole de vie à l'élite intellectuelle de la capitale, ne devait pas périr : elle répandra d'autres paroles aussi grandes et plus fécondes encore que les premières.

SAINT-EUSTACHE.

Cette église a été préservée de l'incendie dans les circonstances suivantes :

Le 5e régiment provisoire, faisant partie du 4e corps, était arrivé aux Halles, d'où l'on voyait une fumée noire et épaisse sortir du clocheton ; M. Vallier, lieutenant au 3e bataillon de la garde nationale et professeur à l'école de Saint-Cyr, qui avait obtenu du colonel du 5e régiment de servir dans ses rangs, demanda à aller reconnaître le foyer de ce nouvel incendie. Entrant dans l'église, il monta rapidement dans les combles et parvint au clocheton. Il vit qu'il serait facile de se rendre maître du feu, car il ne s'agissait que d'éteindre les poutres enflammées qui supportent le clocheton.

Pour cela, il fallait de l'eau, et l'église ne disposait que d'une pompe; M. Vallier réunit des hommes du quartier qui firent la chaîne et, par ce moyen, éteignirent avec quelques seaux d'eau les poutres brûlantes. Il était temps, car un peu plus tard le feu se communiquait à la forêt de bois de la charpente de la nef, et dès lors l'incendie n'aurait pu être maîtrisé.

Les dégâts de Saint-Eustache ont été causés par les obus qui ont affreusement détérioré l'abside et fait effondrer la toiture de la chapelle de la Vierge, située dans cette partie du monument. Beaucoup de peintures de M. Coutures ont cruellement souffert, mais l'édifice est facilement réparable.

LA CHAPELLE EXPIATOIRE.

On sait que cette chapelle a été élevée à la mémoire de l'infortuné Louis XVI et des membres de sa famille, victimes de la Révolution.

Voilà pourquoi les communards avaient juré de la détruire, mais la Providence ne l'a pas permis.

Au milieu des ruines fumantes de nos palais et de nos temples, nous avons remarqué l'état de conservation de la chapelle expiatoire. La Commune avait lancé son décret de destruction, et le pieux monument allait être atteint par la pioche des démolisseurs, lorsqu'un citoyen, aussi généreux que bien inspiré, eut l'idée d'aller traiter avec le nommé Fontaine, qui se qualifiait directeur des domaines de la Commune, de l'achat des vases sacrés, du linge et de tous les objets du culte qui se trouvaient dans ce saint lieu.

Après bien des débats, la personne dont nous parlons parvint à acquérir tous ces objets moyennant la somme de cinq mille francs, qui ont été payés comptant le 18 mai, contre un reçu du citoyen Fontaine. Quand la livraison fut faite, le trésor put être transporté dans une maison américaine où il put être sauvegardé.

Cette somme de cinq mille francs a été immédiatement couverte par une souscription faite parmi d'honorables personnes de l'Assemblée nationale et autres, qui ont voulu concourir à la conservation de ces objets. Ces derniers doivent être rendus à M. le comte de Chambord à qui ils appartiennent personnellement. Les vases et les vêtements sacrés portent, en effet, les armes de France.

Encouragé par ce premier succès, notre digne personnage voulut continuer son œuvre et essaya de négocier l'achat de

l'immeuble même. La Commune demandait la somme de
120,000 fr. L'affaire traîna, sous prétexte d'expertise de ma-
tériaux, et l'œuvre de destruction, déjà commencée pour
certaines parties extérieures, fut tenue en suspens.

Ce monument pourra donc, sans grands frais, être rendu
à sa pieuse destination, suivant le vœu émis par l'Assemblée
nationale.

LA SAINTE-CHAPELLE.

Nous avons dit que ce sanctuaire si bien nommé
un *bijou* en pierre, a été préservé des flammes.
Nous trouvons dans le *Monde* les détails suivants à
ce sujet :

Je descends vers le Palais de justice, lui écrit un de ses
collaborateurs. Comment vous dire mon émotion en admi-
rant la protection divine qui a sauvé le joyau de saint Louis,
la Sainte-Chapelle! Tout est brûlé alentour, mais l'invulné-
rable sanctuaire n'a pas souffert. Dieu et Monseigneur saint
Louis n'ont pas voulu permettre que l'obus incendiaire
effleurât seulement le magnifique reliquaire. Je vois d'ici
le sourire morose du rationaliste : évidemment, sans offenser
cet incorrigible, je n'ai pas licence de reconnaître, d'adorer
ici l'action même, l'action vivante et la main de Dieu. Pas-
sons-nous donc de la permission, et remercions librement.
Faisons comme ce digne pompier que je vois et entends
encore, et qui, me montrant la flèche, me disait: « C'est
votre serviteur qui a planté le drapeau tricolore là-haut,
après avoir démoli le sale drapeau rouge. Pendant que
j'étais là-haut, les obus tombaient à droite et à gauche. J'en
ai bien compté cinq dans une minute! Mais pendant que
j'étais là-haut, il y avait quelqu'un qui était plus haut et
qui ne voulait pas que la chapelle reçût seulement une égra-
tignure. Si après cela on ne croit pas en Dieu, je ne sais
vraiment pas quand on y croira. »

7.

Dieu se sert de tous les moyens pour arriver à ses fins. Puisse-t-il accorder à la personne qui a sauvé l'église de Notre-Dame de Lorette de sortir saine et sauve, de corps et d'ame, de cet incendie moral au milieu duquel son triste état l'oblige de vivre.

On lit dans le *Publicateur de l'Orne* du 11 juin 1871 :

Si l'église Notre-Dame de Lorette n'a pas sauté, on le doit, paraît-il, à mademoiselle Ribeaucourt.

Cette actrice aurait remarqué, cachée derrière sa fenêtre, que les fédérés installaient quelque chose dans l'égout de la rue Laffite, lequel se prolonge sous l'église Notre-Dame de Lorette.

Quand l'armée de Versailles entra, elle prévint quelques soldats, qui, s'étant avancés vers l'endroit désigné, auraient été arrêtés par le cri de « Qui vive! » Pour toute réponse, les soldats tirèrent sur l'individu qui tomba.

Il avait, attaché à son genou, un fil qui devait mettre en communication les barils de poudre placés dans l'égout avec les incendiaires postés à l'extérieur.

M. le curé de Sainte-Marguerite a communiqué à *l'Univers*, qui les reproduit dans son numéro du 21 juin, les renseignements suivants qui prouvent une fois de plus que la Providence a veillé à la conservation des édifices religieux :

Le 24 mai, à huit heures du soir, un club s'est organisé dans l'église; des femmes impures sont montées les premières dans la chaire et y ont fait entendre les plus horribles blasphêmes. Ce club a duré huit jours.

Le 24 mai, à cinq heures du soir, on a descendu dans les

caves de l'église, au-dessous du clocher, un amas considérable de matières incendiaires, et pendant trois jours on
menaçait à tout moment d'y mettre le feu.

Mais c'est en vain qu'ils ont essayé, dans leur rage, d'effondrer à coups de hache les portes de l'église pour l'incen-
dier. Les tirailleurs de l'armée ne leur en ont pas donné le
temps, et l'église a été sauvée.

Quelle différence avec les monceaux de cendres et de ruines qui s'élèvent aujourd'hui sur le lieu où se dressait superbe le palais des Tuileries !

C'en est fait pour jamais de la la fière demeure des rois,
tandis que s'élèvent encore dans Paris toutes les demeures
du Roi des rois !

Ah ! c'est que de là étaient montés vers Dieu les accents
du repentir et du pardon pour le salut de la France. Là,
des prières suppliantes répondaient aux blasphèmes du dehors. Là, des âmes pures expiaient les orgies d'un peuple en
délire. De là partaient vers les saints tabernacles des cris
de miséricorde et d'amour, Et Jésus a tenu à prouver, cette
fois encore, qu'il est toujours, dans le temps même qu'il
châtie, le Dieu bon, clément et miséricordieux.

Nous n'en doutons point : c'est sa justice et sa sainteté
outragées qui lui ont fait appesantir son bras vengeur sur
les lieux où son nom fut trop longtemps blasphémé ou mé-
connu, tandis que le bras de sa miséricorde a couvert les
églises de Paris, pour les préserver de la destruction
qu'avaient décrétée tant de stupides et inconcevables fureurs.

VIII

LE TRIOMPHE DE L'ÉGLISE PAR LA FRANCE RÉGÉNÉRÉE

Les fléaux que Dieu déchaîne sur le monde et sur la France en particulier sont destinés à ramener la fille aînée de l'Église dans la voie où la Providence l'avait placée.

Quelque chose de mystérieux et de terrible avertit les consciences que la France est sous le bras du châtiment et que Dieu est comme contraint de vouloir que le châtiment continue. Les circonstances à certains égards favorables, quoique cruelles, ont tourné subitement. Quand tout semblait fini, tout est devenu pire. Après les ennemis qu'avait provoqués notre orgueil, les enfants de nos adultères se sont levés. Comme nous avions mis stupidement toute notre espérance dans la force, nous l'avons mise dans l'habileté politique, dans la ruse; nous avons voilé les principes qu'il fallait proclamer, et il nous a paru sage de ne rien demander à Dieu. Alors la mort plus sourde, plus sauvage, plus insolente, a recommencé de passer sur nous.

« Nous succombons par un concours inouï de toutes les circonstances les plus malheureuses, mais surtout par le manque d'une chose qui ne se trouve plus en nous et qu'il faut y remettre. Tout sera perdu jusqu'à ce que nous l'ayons retrouvée. Une victoire ne nous l'aurait pas rendue, et cent victoires ne nous la rendront pas. Nous succombons par manque de foi, par manque de lois, par manque de justice en nous et contre nous. » dit M. L. Veuillot.

Et le croirait-on, le *Moniteur* lui-même, le *Moniteur* de Bordeaux (15 février), répétait le même aveu :

La France, disait-il, meurt de la révolution: elle ne peut espérer une restauration vitale qu'en redevenant la nation très-chrétienne qui était autrefois le bras de Dieu dans la chrétienté. La France veut vivre, et elle a raison de vouloir la restauration de la race des Francs, la *gens inclyta Francorum*, la race de Clovis, de saint Louis, d'Henri IV, la race des croisés, parce qu'il semble qu'elle est encore destinée à accomplir dans le monde de ces actes qu'un historien nous dit : *Gesta Dei per Francos*.

Pendant les vingt ans de l'empire de Napoléon III, l'athéisme pénétra toutes les classes de la société, les lois, les mœurs, la langue elle-même, sous le domaine de la maçonnerie qui gouvernait. C'était maxime d'état de flatter le « socialisme; » et quant au « libéralisme, » produit vénéneux de la révolution, il avait si bien pénétré dans le sang national, que l'on en put voir les traces au concile même du Vatican.

Ainsi se formait la France de 1870, avec des familles sans union, des enfants sans pudeur, des diplomates sans foi, des gouvernants sans conscience, un plèbe sans frein, des soldats sans discipline, des chefs sans expérience et sans en-

tendement. Les principes révolutionnaires ont fait leur œuvre : une fosse pour l'empereur, un gouffre pour la nation.

Et la politique extérieure, grâce aux mêmes principes,
a-t-elle été plus heureuse ? Elle voulait, au détriment de la
papauté, unifier l'Italie et conquérir les provinces du Rhin ;
eh bien! l'Italie n'est qu'un cadavre et la toute-puissante
Germanie règne sur l'Alsace et sur Metz *la pucelle !*

Mais ce n'est pas tout. La pauvre France a dû servir d'instrument pour torturer et trahir le Souverain Pontife. Sous
Napoléon III, les Français du dix-neuvième siècle ont détruit
l'œuvre des Francs du huitième. Et pourtant le Julien de la
papauté voulait en être reconnu comme le Constantin, il
ambitionnait les titres d'un Charlemagne ! Mais le prince et
le peuple ont payé cher un tel crime. Au jour où les troupes
françaises abandonnaient le Pape, leurs frères d'armes du
Rhin perdaient trois grandes batailles, et le vainqueur prus-
sien a fait *cinq cent mille* prisonniers au lieu de *cinq mille*
hommes qui défendaient le pontife, dit un journal italien.

Un célèbre publiciste, nourri de la sève de l'Évangile et animé d'un grand esprit de foi, a montré en
quelques lignes combien nos dernières défaites sont
providentielles et le parti que nous pouvons en
tirer :

Dans la voie où nous marchions, nous ne pouvions éviter
la catastrophe ; plus tardive, elle eût été plus incurable. Le
véritable péril des peuples est d'être mal sauvés, rétablis sur
des étais ruineux et destinés à crouler soudain et irrémé-
diablement. En nous fermentaient les venins de la guerre
sociale. Il y a lieu d'espérer qu'ils s'écouleront par cette
formidable blessure qui nous contraint de rester sur le flanc
et de changer de régime. Si la blessure emporte la plaie,
si un sang nouveau se forme dans nos veines, c'est un gain,
une victoire de la véritable vie sur la véritable mort. Ce que

nous aurons gagné de vertus nous consolera de ce que
nous avons perdu de richesses, et nous laisserons nos enfants plus forts et plus heureux dans leur pauvreté que
nous ne l'avons été dans notre éclat. Ils seront plus et mieux
que nous, parmi les nations, cette grande élue de Dieu que
l'on appelle la France.

O France! si tu entends bien ce coup de foudre, Dieu t'or-
donne de vivre, d'espérer, de reprendre ta voie et de re-
monter à ton rang que tu avais misérablement abdiqué. Une
larme seulement, un regard vers le Ciel, et la parole vic-
torieuse du repentir : *J'irai à mon Père !*

Voici comment un grand évêque, Mgr Pie, flétrit
cette politique contraire à toutes les traditions, à
l'honneur et à l'influence de la France :

La Fille aînée de l'Église, parmi les hauts faits et les
gloires de son existence quatorze fois séculaire, avait eu
l'insigne bonheur et l'insigne mérite de contribuer plus effi-
cacement qu'aucun autre peuple chrétien à l'établissement
et au maintien de cette royauté pontificale qui est le bou-
clier de la liberté et de la dignité de l'Église, attendu qu'elle
place son chef en dehors de toute dépendance profane, de
toute sujétion séculière, et qu'elle lui permet ainsi, dans
l'exercice de son suprême ministère spirituel, de tenir la
balance de la vérité et de la justice toujours égale au milieu
des agitations politiques de la terre. Les jours où il est arrivé
à la France de s'écarter de cette voie ont été les jours mauvais et néfastes de son histoire, et l'on peut dire qu'alors le
pays officiel, quel qu'il fût, agissait en sens inverse de l'esprit toujours catholique de la nation.

C'est le crime et c'est le malheur que nous a légué le régime qui vient de disparaître aux débuts de cette guerre,
tombant ainsi dans la fosse qu'il avait ouverte. En mettant
le concours militaire de la France au service des passions
impies d'un voisin insatiable et malhonnête, si le pouvoir
impérial coopérait, d'une façon indirecte, mais pourtant

décisive, au détrônement du chef de l'Église, ce qui est l'acte le plus antifrançais comme le plus antichrétien, il abaissait du même coup (hélas! et en l'abaissant il allait la pervertir) la seule grande puissance catholique que nous puissions avoir pour alliée et pour auxiliaire dans les complications qui ne pouvaient manquer de surgir et du côté du Nord et du côté de l'Orient. Si nous disons que nous n'avons pas commis ce péché, je veux dire que nous n'avons pas donné nous-mêmes à l'Allemagne les verges avec lesquelles nous voici flagellés, nous nous faisons illusion à nous-mêmes, et la vérité n'est point en nous. Voilà comme les prétendus sages sont pris dans les filets de leur fausse sagesse, et comment le châtiment de nos mauvaises œuvres se trouve presque toujours dans le résultat de ces œuvres mêmes.

La revue la plus savante et la mieux dirigée de d'Italie et dont toutes les sympathies sont pour notre patrie, a parfaitement caractérisé en quelques lignes le rôle des Francs dans le monde.

Revenir à Jésus-Christ est pour la France le seul moyen de salut qui lui soit offert, parce que c'est le seul moyen qui puisse la replacer au poste qu'à titre de nation chrétienne Dieu lui avait assigné, et en dehors duquel elle n'a plus, à ce point de vue, aucune raison d'exister.

« Chaque nation, comme chaque individu, disait de son temps Joseph de Maistre, a reçu une mission qu'elle doit remplir. La France exerce sur le monde une véritable magistrature qu'il serait inutile de contester et dont elle a abusé de la manière la plus coupable. Elle était surtout à la tête du mouvement religieux, et ce n'est pas sans raison que son roi s'appelait *très-chrétien* ; Bossuet n'a rien dit de trop sur ce point. Or, comme elle s'est servie de son influence pour contredire sa vocation et démoraliser l'Europe, il ne faut pas être étonné qu'elle y soit ramenée par des moyens terribles. »

« La mission d'un peuple, observe avec beaucoup de sa-
gacité un célèbre publiciste italien, commence à poindre
avec le peuple lui-même, elle naît avec lui. C'est l'étoile
qui brille au-dessus de sa crèche, au-dessus de son berceau.
Ainsi en fut-il de la France. Dès le jour de leur baptême,
Clovis et ses ardents guerriers poussèrent ce cri sublime :
Vive le Christ ! Il aime les Francs ! Ils disaient vrai. Dieu a
choisi la France ; afin de l'employer aux grandes industries
de son amour et aux œuvres de sa gloire, il en a fait la fille
aînée de l'Église. Avec cette prière, avec ce serment était
fondée la nation des Francs. »

Le royaume de France, qui, pour emprunter les vers
d'Annibal Caro, *s'étend comme une vaste conque entre deux
mers et deux montagnes fameuses, les Alpes et les Pyrénées :*
ce royaume, que Grotius appelait *le plus beau après le royaume
des Cieux,* qu'un historien disait avoir été formé par les évêques, *comme le rayon de miel par les abeilles,* ce royaume
fut le bien-aimé du Christ, tant qu'il l'aima lui-même et qu'il
lui en donna des preuves en lui consacrant son bras. Aussi,
le pape Grégoire IX écrivait au roi saint Louis : *Il est manifeste que ce royaume, béni de Dieu, a été spécialement choisi
par notre Rédempteur, pour être l'exécuteur de ses divines
volontés.* De là encore ce mot si connu : *Gesta Dei per
Francos : les actes de Dieu par les Francs,* qui résume toute
la mission chrétienne de ce pays établi dans le monde le
soldat du Christ et de son Église.

Tout le temps que la France fut fidèle à cette mission,
l'histoire en fait foi, elle grandit en prospérité et en puissance. Ses corrupteurs, pour la déformer, en la transfor-
mant en soldat de la révolution, lui ont inspiré une haine
folle contre le moyen âge, depuis Clovis jusqu'à saint Louis.
Ils lui ont fait renier cette époque, qui fut son âge d'or,
afin qu'elle s'engouât toujours plus de l'ère nouvelle de
1789, point de départ pour elle d'une rapide décadence.
Même à ne parler qu'au point de vue matériel, quel fruit la
France a-t-elle retiré des faits les plus éclatants qu'elle a
accomplis dans cette ère nouvelle, comme soldat de la révo-

lution? En fin de compte, elle n'a abouti qu'à des défaites, des invasions, des démembrements. Défaites, invasions, démembrements en 1814; défaites, invasions, démembrements en 1815; et tout cela encore, à un pire degré, au terme de la guerre qui finit maintenant en 1871. En un demi-siècle, trois fois, les étrangers ont campé dans l'orgueilleux Paris. La France des rois très-chrétiens fut-elle jamais soumise à des désastres et à des humiliations comparables aux désastres et aux humiliations qui accompagnèrent la chute du trône de ces deux empereurs révolutionnaires?

Si donc la France désire se relever et refleurir dans toute la vigueur de sa vie sociale, il convient que, du fond de sa misère présente, elle tende la main à l'Église qui l'a faite et qui seule peut la refaire. L'Église s'offre à elle, pleine de compassion : qu'elle se laisse ramener par l'Église, comme l'enfant prodigue, aux pieds du Christ son roi, si follement abandonné; qu'elle se laisse rebaptiser socialement au nom de Jésus-Christ et replacer au poste d'honneur, où le roi éternel l'avait élevée; surtout, qu'elle se laisse amener à rayer de sa constitution les principes de 89, pour y substituer la formule historique de la glorieuse France d'autrefois : *Regnante Domino Jesu Christo in perpetuum*. Alors elle éprouvera que, même dans notre siècle, le Christ *aime encore les Francs* et qu'il leur tient en réserve une nouvelle épopée d'entreprises fécondes dans notre monde ramené à la barbarie. Alors recommenceront les *Actes de Dieu par les Francs*, et de nouveau

brillera l'auréole qui couronnait le front de la glorieuse nation ; non cette auréole éphémère et tachée
de sang que lui avaient donnée les deux Bonapartes,
mais l'auréole éclatante et durable dont l'avaient
embellie Charlemagne et les rois des croisades.

Voici un beau passage du dernier mandement de
Mgr l'évêque de Langres :

Malgré tout ce que le génie du mal et ses trop dociles
instruments ont fait pour pervertir les esprits en France
pour égarer les populations et affaiblir ou détruire en elles
le sens chrétien et le respect de la loi divine, pour renverser
tous les principes sur lesquels reposent la sécurité et le
bonheur de la société, la foi, bien qu'ébranlée et le plus
souvent endormie, n'est cependant pas éteinte. Elle vit encore et la sève chrétienne n'a pas cessé de circuler dans
une assez grande partie du corps social. Tous n'ont pas,
selon l'expression de l'Écriture, courbé le genou devant
Baal, devant l'idole du siècle. Le nombre des chrétiens
restés fidèles à Dieu et à son Église est encore considérable
parmi nous; et il y en a assurément plus, dans chacune de
nos villes et même de nos campagnes, proportion gardée,
que Dieu n'en demandait autrefois, pour épargner les villes
si coupables de Sodome et de Gomorrhe. La France est
encore cette terre bénie, où les bonnes œuvres de tout genre
croissent, fleurissent et se multiplient, pour ainsi dire sans
mesure, et la foi, si vivement et si follement attaquée, y
trouve aussi de vaillants défenseurs. Tout cela ne parle-t-il
pas à Dieu en notre faveur? Et dans notre chère France,
quoique bouleversée, ravagée et rendue presque méconnais-
sable par les progrès de la révolution, ne voit-il plus la por-
tion choisie et la plus précieuse de son héritage. Disons-lui
donc avec confiance : *Seigneur, sauvez votre peuple, et bé-
nissez votre héritage.* Cette vigne que vous aviez plantée de
vos mains et cultivée avec tant de soin, regardez et voyez

quel ravage y a fait l'ennemi et ce qu'elle a perdu de sa vigueur et de sa beauté. Mais vous daignerez, Seigneur, réparer toutes ses pertes : *Infirmata est, tu vero perfecisti eam.*

Le triomphe de l'Église catholique est certain ; tout
le monde y compte. Il est écrit que les portes de
l'enfer ne prévaudront jamais contre elle. Or l'Église
ne triomphe jamais que par la foi de ses enfants,
mais cette foi s'est, hélas! bien affaiblie! Il faut donc
maintenant que Dieu frappe un *grand coup* pour la
réveiller. Le matérialisme, en effet, a tellement en-
vahi les masses qu'il faut que Dieu s'affirme plus
visiblement que le soleil pour que les peuples tombent
à genoux.

Une autre raison encore, c'est l'état actuel de la
France. La foi seule ne suffit pas dans le monde, il
faut aussi à l'Église catholique des secours matériels.
Or, qui peut fournir des secours à l'Église catholique si ce n'est la France qui, de tout temps, a été pré-
destinée de Dieu pour les lui donner. C'est elle qui
est à la tête des races latines, c'est-à-dire des races
catholiques. Que peut faire l'Espagne? Que peut faire
l'Italie et même actuellement l'Autriche sans la
France? Si la France était anéantie, l'Église catholique se trouverait sans défense en face de deux co-
losses tout deux ennemis : l'Allemagne hérétique et
la Russie schismatique. Comment triompherait-elle ?
Or, il est évident que la France, actuellement, ne
peut pas se sauver toute seule, il faut encore néces-

sairement que Dieu frappe un *grand coup* de sa droite pour la sauver. Ce grand coup réveillera sa foi ; ce réveil da la foi sauvera la France, et la France sauvera le monde.

« La foi en France peut sommeiller, dit un publiciste ; mais semée par nos mères au fond de nos cœurs, elle se réveille toujours au moment du danger, comme l'ont prouvé le seizième et le dix-huitième siècles. Sans cette loi latente, invincible, comment la France aurait-elle échappé au protestantisme et au philosophisme ? Ne craignons pas, elle échappera aussi à la révolution. Que Dieu frappe le *grand coup*, et la France se relèvera, belle comme aux jours de Clovis et de saint Louis, et elle volera au secours de l'Église. »

En parlant des oracles qui annoncent l'avenir, pourrions-nous passer sous silence ceux qui sont descendus du Vatican, la colline des oracles, et qui sont sortis de la bouche la plus autorisée de la terre, de la bouche de celui qui, comme le Christ dont il est le vice-gérant, est roi et pontife, doux et fort, et tout-puissant dans sa faiblesse, de celui dont la barque porte les destinées de l'humanité et qui n'est jamais plus près du triomphe que lorsqu'il paraît vaincu ?

Pie IX *a annoncé que la France sortirait glorieuse de l'épreuve actuelle* 1.

On écrit de Rome à l'*Univers*, 26 mai 1871 :
« Quand le Pape a appris le vote de l'Assemblée demandant à toutes

Mgr de Poitiers a affirmé que Pie IX a dit, en parlant des Français qu'il chérit : « Qu'ils se consolent et qu'ils espèrent au milieu de leurs terribles épreuves, parce que la *France ne périra pas*. Dieu a de grands desseins sur elle, et elle sera plus que jamais le plus ferme appui de l'Église [1]. »

Mgr de Dreux-Brézé, dans une récente allocution, a dit : « On a prétendu que le Pape faisait des vœux pour les ennemis de la France, c'est un infâme mensonge! Voici ce que m'a dit Pie IX à moi-même : Tous mes vœux sont pour la France ; mes meilleures sympathies sont pour elle : elle est la fille aînée de l'Église, le centre des bonnes œuvres, le pays qui donne le plus de vertus, le plus de défenseurs au Saint-Siége, le plus de missionnaires, le plus de Sœurs de charité! Non! non! la France ne périra pas : si la France périssait, la fin des temps serait arrivée. »

Pie IX a répondu ces touchantes paroles aux félicitations de la députation française, à l'occasion de son jubilé du 16 juin 1871 :

Je ne puis exprimer les sentiments qui s'agitent dans mon cœur en vous entendant. Oui, j'aime la France, je l'ai toujours aimée, je l'aimerai toujours : la France est imprimée dans mon cœur, et chaque matin, en offrant le grand saint sacrifice de la messe, je prie pour elle, qui m'a donné et qui

les églises de France des prières pour obtenir de Dieu le salut de la patrie, il est tombé à genoux, et levant les yeux au ciel, il a dit :

« Maintenant, mon Dieu, vous aurez pitié de *ma* chère France! »

[1] Nous lisons dans l'*Armonia*, a propos des rapports de l'Italie avec la France :

« Comment la France, dans l'état actuel des choses, pourrait-elle faire peur à l'Italie? C'est pourtant la vérité ; ce sentiment se montre dans les colonnes de tous les journaux attachés au parti du gouvernement. Je ne sais quel instinct leur dit que le grand coup doit venir de là, ils ne savent ni quand, ni comment ; mais ils sont persuadés que le danger est de ce côté, et c'est pour cela qu'ils ne parlent que d'*armer*. Après la soumission de Paris, ils prévoient la chute de la République française, la restauration de l'ancienne dynastie et une expédition contre Rome : aussi tout en feignant de rire, ils ne cessent de crier : *Armez, armez vite, armez bien.* » (*Univers*, 3 mai 1871.)

me donne. même au milieu de ses malheurs, tant de témoignages de dévouement, de respect et d'amour. Je me plais à le reconnaître, la France s'est constamment dévouée pour moi et pour ce Saint-Siége. Elle est admirable par sa charité, par ses bonnes œuvres, par les fondations pieuses qui sont dans son caractère. Elle n'oublie aucune misère, et ses femmes surtout opèrent des prodiges. Oui, les femmes jouent un grand rôle chrétien en France, un rôle sublime.

Au plus fort de nos désastres, quand l'Europe avilie nous regarde comme perdus, Pie IX a dit : *Je ne compte que sur la France.* Dans cette généreuse affirmation, nous pouvons lire notre glorieux avenir, si nous revenons franchement aux principes religieux.

Voici d'autres paroles de Pie IX, qui doivent nous remplir d'espérance : *La France a été labourée, son sol est trempé de sang, et la semence divine germera bientôt pour produire de grands fruits.*

Dans un bref adressé à Mgr de la Bouillerie, Pie IX s'exprime ainsi : « Nous voulons que vous teniez pour certain, vénérable frère, que, comme dans notre douleur une bonne part nous vient des maux de la France, nous ne cessons jamais nous-même de supplier le Dieu de clémence pour les fidèles de cette noble nation, afin qu'il se hâte de faire éclater sur vous les effets de sa miséricorde et de ramener des jours de paix, des jours de triomphe pour la religion et pour toute justice. »

Combien cette prédilection du Père commun des fidèles pour la fille aînée de l'Église n'est-elle pas consolante pour nos cœurs attristés, et comme il est beau de voir le Pape prisonnier oublier pour ainsi dire ses propres épreuves pour assurer qu'*une bonne part de sa douleur* lui vient de nos malheurs.

Redisons donc avec bonheur et pleins d'espérance dans un avenir meilleur les consolantes paroles de notre glorieux pontife :

La France ne périra pas. Dieu a de grands

desseins sur elle. — Oui, Dieu aime la France. Ce
n'est pas contre la France qu'il est irrité, c'est seulement contre ses erreurs et ses crimes. Les Prussiens
ne sont que l'instrument dans les mains de la Providence pour nous purifier et nous guérir. Une fois
leur mission remplie, ils seront broyés : Marie immaculée est là pour écraser leur tête. Un affreux
cancer rongeait le cœur de la France : maintenant
l'opération se fait, soyons sûrs qu'elle réussira ; le mé-
decin est infaillible. « Oui, prions, prions, répétons
ensemble : *Avec l'aide de Dieu pour la patrie !* et
la France sera sauvé et elle apparaîtra ! » s'écrie un
de ses pieux enfants, tenant à la main cette épée de
Clovis qui frémissait au récit de la passion du Christ.

Dieu seul, oui, Dieu seul, voilà le sauveur de la
France.

Ce n'est pas un homme, ce n'est pas une forme
quelconque de gouvernement qui peut nous sauver,
c'est *Dieu seul*, parce que seul, il est le maître de
la vie et de la mort ; seul, il relève du fond de
l'abîme les nations coupables qui y sont tombées,
parce que c'est lui qui a *fait guérissables toutes les
nations de la terre.*

Ce cri de salut n'implique nullement l'indifférence
pour le droit politique, bien loin de là ; il consacre
tous les droits légitimes, et affirmant l'autorité divine, il sanctionne toutes les autres et donne au
droit politique la puissance de lier à la fois la conscience des gouvernants et des gouvernés, et met ainsi

les nations à l'abri des caprices des révolutions et des faits accomplis.

Cette vérité s'applique surtout à notre chère patrie; une grande nation comme la France n'existe pas, en effet, pendant quatorze siècles, sans lois fondamentales et sans principes bien établis et acceptés par tous comme incontestables. Ce sont les principes qui sont la vie des nations; les mettre seulement en question, c'est ébranler tout l'édifice social, et les nier, c'est le démolir par la base. Ah! malheur aux nations qui oublient cette grande vérité.

La France, hélas! ne l'a que trop oubliée, et tous ici ont été coupables, ceux qui avaient l'autorité en cherchant à absorber les droits de la nation, et la nation en se séparant violemment de l'autorité légitime. La conséquence de cet oubli a produit tous nos déchirements et toutes nos luttes, et la fatigue de la lutte a produit l'indifférence; mais n'oublions pas que cette indifférence mène à la mort. L'abîme, caché sous l'apparence de la paix factice et du matérialisme voluptueux que donne le fait accompli, n'en est que plus dangereux et plus profond, nous en faisons, hélas! la triste expérience.

O Christ! Dieu et roi éternel des Francs : *Parce populo tuo!* Oubliez nos crimes, sauvez-nous des ignominies de cette mort, rendez-nous l'épée de notre baptême, l'épée qui frémissait quand on parlait de votre supplice, et souvenez-vous que la France est née en disant : Que n'étais-je là !

La France a eu Voltaire c'est vrai ; mais elle a
eu Geneviève, Clotilde et Jeanne d'Arc ; mais l'épée
de saint Louis est restée dans ses trésors ; mais elle
a Marie immaculée pour reine et l'Eucharistie pour
nourriture, et ses drapeaux portant la présence réelle
furent les tabernacles du Dieu vivant. Ces gloires et
ces forces ne sont pas atteintes sans retour ; pour
les ramener, nous avons la prière, le repentir et du
sang, crions tous : « *Avec l'aide de Dieu pour la
patrie!* » et nous pourrons bientôt chanter le cantique du triomphe :

« Dieu tout-puissant, sois mille fois béni, parce
que tu es bon et que ta miséricorde s'étend dans les
siècles des siècles.

« J'étais sur le bord de l'abîme ; mes ennemis m'y
poussaient pour m'y précipiter ; mais lui m'a reçu
dans ses bras.

« Ils m'environnaient comme un lion ; mais je me
suis ri de leur fureur et je les vois expirer à mes pieds.

« Comme la flamme dévorante, ils m'environnaient
pour me consumer ; mais j'ai invoqué ton nom, ô
Seigneur ! et tu m'as délivré... »

FIN

TABLE DES MATIÈRES

FIN DE LA TABLE

LYON. — IMPRIMERIE PITRAT AÎNÉ, RUE GENTIL, 4.

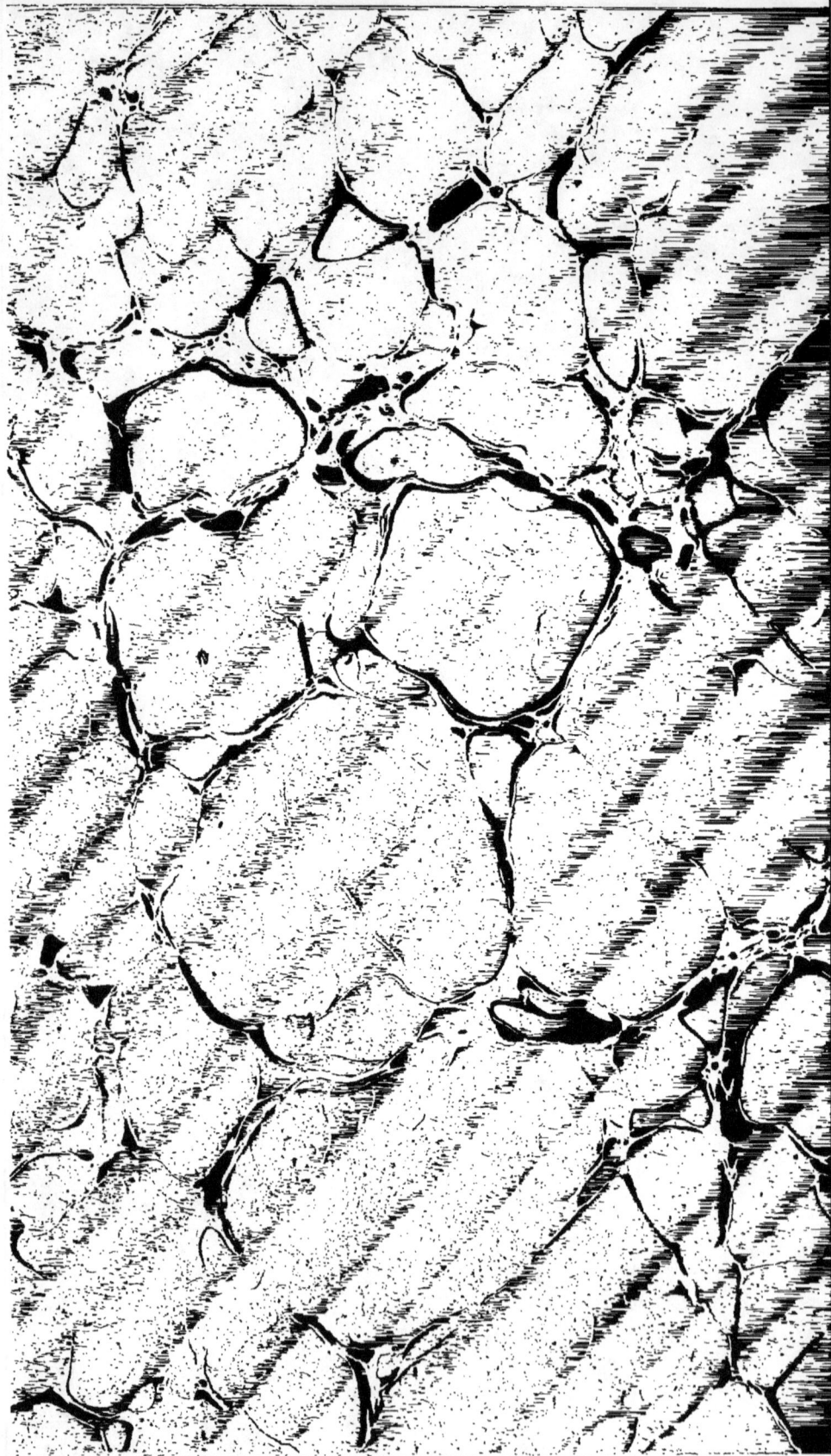